大是文化

# FBI 教你讀心術

## 看穿肢體動作的真實訊息

30 年資歷的 FBI 情報員 心理學博士

喬・納瓦羅 ＋ 馬文・卡林斯 著

林奕伶、廖桓偉 譯

# 獻給

我的祖母阿德蓮娜，
她枯槁的雙手
充滿愛心的將一個小男孩調教成男人。

——喬・納瓦羅 Joe Navarro

獻給我的妻子艾蒂絲，
她的愛是我的福份，
她讓我明白，
做個充滿愛心的人是怎麼一回事。

——馬文・卡林斯 Marvin Karlins, Ph.D.

# 你真的看懂肢體語言嗎？

**請仔細觀察以下12張照片，看看你能否看出其中的玄機？**

現在，請找出以下問題的答案。

❶ 誰最可能接受你提出的想法？
❷ 誰能接受你對他開玩笑？
❸ 誰最可能會跟你吵架？
❹ 誰看起來最可能答應幫你個忙？
❺ 誰最可能對你撒謊？

讓有30年資歷的前FBI探員喬．納瓦羅為你解答。

圖 A.

圖 B.

圖 C.

圖 D.

圖 F.

圖 E.

圖 H.

圖 G.

圖 I.

圖 J.

圖 K.

圖 L.

# CONTENTS

# CONTENTS

## 第3章

## 愛人與賊人的腳與腿最誠實 081

# 第4章

## 被忽視的心情布告欄——軀幹 117

CONTENTS

# 第5章

## 肩膀到手肘以下的密語 143

第6章

# 穿透你的手勢的我的眼 171

# CONTENTS



## 第7章 你真會察言觀色嗎？ 205

第8章



## 測謊 247

CONTENTS

第9章

# 約會須知



# 結語

讀者分享

# 部落客大力推薦，值得一讀再讀

「這本書登上誠品暢銷書第一名。但重點不是暢銷書第一名，而是這本書的確可以讓人看到不同的世界。」——Hans Shih

「對於一般業務員、辦公室相處都很有用，所以個人很推薦。」——MRW

「一旦你了解這些，你就可以利用這些資訊在身處環境之中常保優勢——這本書大略如此，教你觀察他人動作並了解其意義後活用，讓你的人生從此不一樣。」——飛躍的青春

「這本書真的還滿適合業務人員閱讀一下，然後再將之運用到實際與客戶的互動中，應該也可以較易判斷這是什麼類型的客戶。」——secret_

「看了這本書發現，作者講的內容跟我們生活周遭發生的事真的很符合，而我們可以從細微的動作看出一個人的心情、揣摩一個人的心思。」——熱血魚

前言
# 我能看穿你的想法

馬文・卡林斯博士

這個男人面無表情的坐在桌子另一頭，小心盤算著要如何回答聯邦調查局（FBI）探員的問題。雖然他並未被列為這起謀殺案的主嫌，而且他的不在場證明可信，聽起來很誠懇，但是探員還是不肯罷休。在嫌犯首肯的情況下，他接受了一連串關於凶器的問題：

「如果是你做案，你會用槍嗎？」
「如果是你做案，你會用刀嗎？」
「如果是你做案，你會用冰鑽嗎？」
「如果是你做案，你會用榔頭嗎？」

其中「冰鑽」就是這起謀殺案所使用的兇器，但是這項消息並未對外公布。只有兇手才知道真正的凶器。FBI探員在一一列舉這些武器時，也仔細觀察嫌犯。當提到冰鑽時，這男人的眼皮立刻垂了下來，而且一直持續到探員提出下一個武器為止。探員馬上了解他所看到那個眼皮動作的重要意義，而從那一刻起，這個「次要」嫌犯就成了調查的主要關係人。他後來也坦承犯案。

這筆功勞要記在喬．納瓦羅（Joe Navarro）這位優秀人才的身上，他不只成功揪出了冰鑽殺手；在FBI任職的二十五年輝煌歲月中，更逮到許多罪犯，其中甚至包括間諜頭子。他是怎麼辦到的？如果你問他，他會淡淡的說：「因為我有辦法看穿人的心思。」

原來，納瓦羅的職業生涯都在研究、鑽研、應用「非言語溝通」這門技術，也就是觀察臉部表情、手勢、肢體動作（身體動作學）、肢體距離（人際距離學）、碰觸（觸覺）、姿勢、甚至衣著，來解讀人們的所思、所想、所做，以及他們是否說謊。這對罪犯、恐怖分子還有間諜來說可不是好消息，因為在他的嚴密審視之下，他們通常會釋放出更多非言語的肢體訊號（暗示），使得他們的想法與意圖變得更能被看穿。

不過，這對讀者來說卻是非常好的消息，因為納瓦羅將要與你分享他賴以成為超級「人體測謊機」的這套知識，讓你更能掌握周遭人的感覺、想法與意圖。他將教你如何觀察、察覺並解讀其他人的非言語行為，讓你更成功的與人互動，擴展你的人生。

納瓦羅在本書所分享的內容，有很多在十五年前都還未受到科學界認可。後來是透過

## 前言　我能看穿你的想法

大腦掃描技術以及神經造影的最新進展，科學家才證實了納瓦羅對人們各式行為所做出的判斷正確屬實。擷取自心理學、神經生物學、醫學、社會學、犯罪學、傳播研究，及人類學的最新發現，加上擔任FBI情報人員近三十年期間利用非言語行為的經驗，納瓦羅是唯一有資格幫你理解非言語溝通的人。

納瓦羅的專業受到全球肯定與歡迎。除了固定在諸如NBC的《今日》（*Today Show*）、《CNN頭條新聞》（*CNN Headline News*）、《福斯有線電視新聞》（*Fox Cable News*），與ABC的《早安美國》（*Good Morning America*）等節目受訪；他也持續為FBI與美國中央情報局（CIA），以及其他情報系統進行非言語溝通的研究與授業。許多銀行與保險公司、美國海內外大型法律事務所也延攬他擔任顧問。

納瓦羅同時還在聖里奧大學（Saint Leo University）以及全美多個醫學院任教，他對非言語溝通的獨特見解，在眾多渴望能快速且正確判斷病患狀況的醫生當中，得到非常廣泛的迴響。納瓦羅結合了學術專業與工作上的經驗累積，加上他對現實人生、高度不確定狀況下非言語溝通的精闢分析，讓他在非言語的專業中成為獨樹一幟且首屈一指的專家。

在與納瓦羅共事、參加他的研討課、將他的想法融入我自己的生活之後，我確信，這本書的內容象徵著我們對於非言語事物的理解有了重大進展。我是以一個受過專業訓練的心理學家身分來說出上面那些話的，因為納瓦羅駕馭非言語溝通的科學知識，以及專業與個人先前的成功經驗，讓我非常振奮；而他對這個題目採取的理性、謹慎態度，也令我印象深刻。例如，雖然觀察非言語讓我們對許多行為有了「正確的解讀」，納瓦羅卻同時警告我們，利用肢體語言來偵測一個人是否有欺騙行為，依舊是個特別困難且具挑戰性的任務。這是一個重要且精闢的提醒：在根據非言語行為斷言一個人誠實與否時，應該要非常小心。

這本書和其他許多有關非言語行為的書籍很不同。本書提供的資訊是以科學事實與實地試驗結果為基礎，而非個人意見或脫離現實的臆測。此外，內文也強調其他書籍經常忽略的一點：人類大腦邊緣系統（limbic system）在有效理解與利用非言語訊號上，所扮演的關鍵角色。（按：人類的大腦可以區分為三個部分：腦核、腦緣、大腦皮質，腦核掌管人類日常基本生活的處理，包括呼吸、心跳、覺醒、運動、睡眠、平衡、早期感覺系統等。腦緣系統負責行動、情緒、記憶處理等，另外，還負責體溫、血壓、血糖以及其他居家活動等。大腦皮質則負責人腦較高級的認知和情緒功能。）

你可以精通掌握肢體的無聲語言。無論你研究非言語行為，是因為想要在工作上更上一層樓，還是單純想要跟朋友家人相處更融洽，這本書都是為你設計的。如果想要精通這一切，必須仔細閱讀接下來的章節，還要認真投入一些時間與精力學習，並在日常生活中加以運用。

# 第1章

# 身體不懂說謊

每當我在教「肢體語言」這門課時，總是會被問到以下問題──「納瓦羅，是什麼原因讓你開始對研究非言語行為感興趣？」其實，我並不是原本就對這個主題著迷，而是為了成功適應全新生活形態，被逼出來的興趣。

八歲的時候，我從古巴離鄉背井到美國，我們是在豬玀灣事件（Bay of Pigs）發生幾個月後離開，而且我們真的以為只會在美國當一陣子的難民而已。一開始，我和其他數以千計來到這個國家的移民一樣不會說英語；但我很快就發現，要成功融入新的校園生活，並與新同學融洽相處，我必須認識並且靈敏的感知周遭的其他語言，亦即「非言語行為」的語言。我發現那是一種我可以馬上理解並翻譯的語言。在幼小的心裡，我把人體當成一種告示板，透過我能夠判讀的手勢、臉部表情，與身體動作，來獲知一個人在想什麼。隨著在美國生活日久，我的英語能力提高了，相對的，西班牙語能力降低了；然而正確解讀肢體語言的能力，卻從未減退。

我學會用肢體語言，以得知同學與老師試圖向我表達什麼，以及他們怎麼看待我。我最早觀察到的部分是：只要真心喜歡我的同學或老師，在他們一看到我走進室內，就會揚起（或著彎起）眉毛；相反的，對我不太友善的人，一看到我出現，就會微微瞇起眼睛。這種行為一旦觀察到了，就永遠不會忘記。

就像許多其他移民一樣，我利用各式肢體語言的信息，迅速的評估並建立友誼、進行溝通，不受明顯的語言障礙所影響，我得以避開敵人，並培養健全的人際關係。多年後，我到聯邦調查局（FBI）擔任情報人員，期間我同樣仰賴這些肢體語言幫助破案（見案例一）。在FBI裡，每一次人際互動都充滿了生動的資訊，那裡是一個可以利用肢體語言來增加你了解人們所思、所感、所欲的最佳場域，利用這種知識將有助於你在人群中一枝獨秀；也會保護你，讓你擁有對人類行為前所未見的深刻洞見。

## 人際溝通五成以上靠非言語行為

「非言語溝通」通常被稱為非言語行為或肢體語言，其實是一種傳遞資訊的方法——就像口說語言一樣——只不過它是經由臉部表情、手勢、碰觸（觸覺）、肢體動作、姿勢、身體裝飾品（衣著、珠寶、髮型、刺青等），甚至是一個人聲音的音調、音質與音量（而不是說話的內容）而達成的。**非言語行為大約占了所有人際溝通的六〇%至六五%，而且在做愛時，還可能是愛侶間溝通的百分之百內容。**

非言語溝通會顯露一個人真實的想法、感覺與意圖。因此，非言語行為有時候會被說成是暗示（告訴我們這個人真實的心理狀態）。**由於一般人通常不會意識到自己正在進行非言語溝通，因此肢體語言大多要比言詞上的說法更加誠實**，而後者是經過有意識的精心

推敲，以達成說話者的目的。（見案例一）

當你觀察別人的非言語行為，而能夠促成你理解那個人的感覺、意圖、行動，或者證明他所說的話時，你就已經在成功的利用這個無聲的工具解密了。

## 為什麼我們還是非見面不可？

研究已經充分證明，能有效解讀、詮釋非言語溝通，並以這種技巧來影響別人如何看待自己的人，會比

### 案例1：嘴說左邊、手比右邊

肢體語言有時比口說語言更加反映真實，我有一個難忘的例子，是關於亞利桑那州帕克印地安保留區（Parker Indian Reservation）一名年輕女子遭強暴案。一名嫌犯被帶來偵訊，他說的話聽起來很有說服力，而且似乎言之成理。他宣稱沒見過被害人，而且當時他在田裡，正經過一排棉花，左轉，然後直接走回家。當同事在記錄所聽到的內容時，我一直注視著嫌犯，然後看到：在他講到左轉回家的部分時，他的手比向他的右邊，那正是前往強暴案現場的方向。倘若沒有注視著他，我就不會注意到他言語（「左轉」）與非言語（手比向右邊）行為之間的差異。但我一看到，就懷疑他在說謊。我等了一會兒，然後再次質問他，他最後也坦承犯案。

## 案例2：是不是你放的火？

「視線阻擋」（eye-blocking）是一種下意識反應，發生在我們覺得遭到威脅、不喜歡我們所看到事物時。瞇眼（就像前述故事中我的同學）、閉上眼或遮住眼睛，都是從保護大腦避免「看到」討厭的影像、並向他人傳達我們的不屑，所演變而來的動作。

身為一位調查員，我利用眼睛變化的行為來協助調查波多黎各一場奪走97條人命的旅館縱火慘案。案發後一名保全人員立刻受到懷疑，因為起火的地點就在他所負責的區域。我們判斷他與縱火案無關的方式之一，就是問他一些非常具體的問題，比方起火前、火災發生時他在哪裡，以及是否是他放的火。

在問每個問題的同時，我都會觀察他的眼部是否出現細微的變化，有無任何洩露案情的跡象。他只有在被問到「起火時你在哪裡？」這個問題時閉上眼。怪的是，他反而對「是不是你放的火？」這個問題似乎不會覺得不安。於是我知道，問題的重點在於火災發生時他所在的位置，而不是他可能涉嫌縱火。調查員針對這個問題繼續追問，最後他終於承認離開崗位，去找同在飯店工作的女朋友。遺憾的是 ，在他離開時，縱火犯進入了他原本應該守衛的區域縱火。

在這個案件中，保全眨眼睛的行為，讓我們洞悉了應該繼續追問而且最後能夠破案的方向。最後，三名犯下這起縱火慘案的犯人被逮捕並且定罪。而這名保全，儘管悔恨一時疏忽，而且內疚不已，但他並不是罪犯。

缺乏這些技巧的人，獲得更多成就。本書的目的就是要教你如何觀察周遭的世界，並判斷各種環境下的非言語行為所代表的意義。這種效用強大的知識可以加強你的人際互動，豐富你的人生。

評估非言語行為的最神奇之處，就是這個技巧可以普遍適用於每種人際互動的場合。非言語無所不在而且可信度高，一旦你知道某一個非言語行為所代表的意義，立刻可以將這個資訊運用在許多不同的情況與環境。事實上，沒有肢體語言，人與人是很難有效互動的。你有沒有想過，在這個充斥電腦、簡訊、電子郵件、電話與視訊會議的時代，為什麼大家還要飛來飛去開會，那是因為有必要親身表達並觀察非言語行為。什麼都比不上親自近距離仔細觀察非言語行為。無論你從這本書學到什麼，都可以應用在任何情況、任何環境，好比：（見案例三）。

## 正確判讀肢體語言的十大準則

我深信任何普通智商的人，都可以學會利用非言語溝通來提升自己，因為過去二十年來我已經教會數以千計的人，成功解讀非言語行為，並利用這些資訊豐富自己的人生，達到職涯的目標。

成功判讀他人，收集非言語情報，以評估別人的想法、感覺、企圖，是一種需要不斷練習與適當訓練的技巧。為了幫你做訓練，我要提供你一些重要的準則，幫你把判讀非言語的功力發揮到最大。當你把這些準則融入日常生活，它們很快就會變成你的第二天性，幾乎不需要刻意思考。這很像在學開車：剛學開車時，新手駕駛老是會「想」著這輛車該怎麼操控，以致很難同時兼顧車外的路況與車裡的動作。只有當你坐在駕駛座上，完全不用想操作動作，你才有辦法將注意焦點擴大到關照整個駕駛環

### 案例3：看懂小動作，得到大優勢

幾個月前，我在一群撲克牌玩家的研討會上，展示如何利用非言語行為判讀對手的牌，然後在牌桌上贏更多錢。撲克牌是一種強調虛張聲勢、爾虞我詐的比賽，玩家們都很有興趣了解對手不經意洩漏的暗示。對他們來說，破解非肢體語言是成功的關鍵。其中，最令我驚喜的是，有好多參與研討會的人還將解讀非言語行為的能耐用到牌桌以外的地方。

一位來自德州的醫生寄來電子郵件，信中跟我說：「我覺得最神奇的是，我從你的研討會中所學到的，也對我的實務工作有幫助。你教我們判斷撲克玩家肢體語言的技術，也幫助我解讀了病人的心思。我現在可以察覺到他們是否不安、有自信、還是沒有完全說實話。」這位醫生的信說明了非言語行為的普遍性，以及它在生活各個層面具有的意義。

境。這和非言語行為如出一轍，一旦掌握了有效使用非言語溝通的技巧，就能把它變成習慣，於是能將全副精神專注在解讀周遭的世界。

**・準則一：不只是看，要「充分觀察」。**

這是任何想要解讀並利用非言語行為的人最基本的要件。

然而，許多觀察者對於他們周遭的肢體訊號渾然不覺，就像是戴了眼罩。這麼說吧！就像「仔細聆聽」對理解我們的言語說詞很重要一樣，「仔細觀察」對於了解我們的肢體語言也極其重要。換句話說，周全詳盡的觀察，是成功判讀及洞悉他人非言語暗示的基本要件。

問題在於大多數的人一生都只是看，卻沒有真正看到，就像英國名偵探福爾摩斯對拍檔華生醫生所說的：「你看了，但你沒有觀察。」絕大多數人都是以最小的觀察力看待周遭環境，對世界中的細微變化漫不經心，沒有察覺到四周各種細節交織而成的繁複景象。例如，一個人手部或腿部的細微動作，可能就洩露了他的想法或企圖。

事實上，各種科學研究都證明，人類不善於觀察四周。一個很經典的實驗就是，有個人穿著大猩猩的道具服，突然衝進一群學生裡頭，同時間這群人還在進行其他的活動，結果有一半的學生居然沒注意到他們中間跑進來一隻大猩猩！

缺乏觀察力的人，欠缺飛行員所謂的「環境意識」（situational awareness），也就是隨時意識到自己身處的環境，他們的腦子裡，對周圍或眼前的實際狀況並沒有非常具體的「畫面」。請他們走進一個充滿人的陌生房間，要他們環顧四周然後閉上眼，說出自己看到什麼。你可能會很驚訝，很多人甚至連房間裡最明顯的特色都回想不起來。

我們常會遇到，有人似乎老是對於日常生活周遭裡的事毫無警覺。這些人的抱怨幾乎千篇一律：

「我以為老闆對我的工作表現相當滿意，我哪知道就要被炒魷魚了。」

「我太太剛剛訴請離婚，我從來沒有感覺到她對婚姻有任何不滿。」

「學校輔導老師告訴我，我兒子嗑藥三年了；我不知道他有吸毒的問題。」

「我那時跟這個傢伙在爭執，然後他突然出拳揍我，我事前根本看不出他想攻擊我的樣子。」

這就是從未學會有效觀察周遭的人。這並不令人意外，畢竟從小到大，從來沒人教我們如何觀察別人的非言語暗號。小學、中學或大學，都沒有課程在教人「環境意識」。

幸好，「觀察」是一種可以透過學習而擁有的技巧，我們不必一輩子老是毫無警覺；也由於這是一種技巧，因而可以藉由正確的訓練與練習而更加嫻熟。就算你目前是個「環境意識白痴」也不必灰心，只要願意花時間與心力來認真觀察，就能克服這方面的弱點。

**你要做的，就是把觀察——周全詳盡的觀察——**變成一種生活方式。留意四周環境並不是一種被動行為，而是一種有意識、特意採取的行為，需要花心思、力氣，且要專心，還要持續練習才能維持住觀察力。觀察就像肌肉一樣，持續使用才會更強壯，不用就會鬆弛衰弱。

所謂周密詳盡的觀察，是指運用所有的感官，而不是只有視覺。每次我走進家裡，都會深呼吸一口氣，如果家聞起來不正常，就會覺得不安。有一次出差回家，我察覺到空氣裡殘留輕微的香菸味，也就是說早在眼睛能掃描公寓前，鼻子已經警告我可能有危險。原來，我太太找工人進來修理漏水的管線，而他衣服上和皮膚上的菸味，幾個小時後依然殘留在空氣中。幸好，他是能令人接受的闖入者，但也很有可能是潛入埋伏在隔壁房間的強盜。重點是，因為善用所有的感官，我更能夠評估周遭環境，保障身家安全。

### ・準則二：背景環境是關鍵

在你嘗試了解現實環境中的非言語行為時，對於行為所在的背景環境愈清楚，愈能夠了解行為所代表的意義。舉例來說，在一場交通意外之後，我預期在場的人會處於震驚狀態，一臉茫然的四處走動，他們的手會抖，甚至會出現類似走入繁忙車陣中這種不智的行為（這是警察會要求你留在車裡的原因之一）。為什麼？因為在意外發生後，一般人會出現大腦「思考」區域完全遭到腦緣系統（limbic system）區域挾持的現象。思考腦受挾持的結果，會出現類似顫抖、迷惘、緊張、焦慮等的行為，亦即這些行為是可預期的。在求職面試中，我預期應徵者一開始會緊張，然後那種焦躁會慢慢消失；如果我問到特定問題時，應徵者又出現緊張焦躁，那麼我就得揣想：為什麼這些緊張行為會突然又出現。

**・準則三：先學會辨認普遍性的非言語行為。**

有些肢體行為被認為具有普遍性，因為大部分的人都會出現類似的行為。例如，有人雙唇緊緊閉在一起，好像嘴唇都快看不見了，這就是個明顯、常見的訊號，顯示這個人覺得不安，而且情況不對勁。這種非言語行為，也就是雙唇緊閉，是普遍性暗示的一種，接下來章節我會深入描述（見案例四）。你能夠辨別且精確譯解的普遍性非言語愈多，你就愈能有效評估周遭人士的想法、感覺與企圖。

**・準則四：解讀特殊性的非言語行為。**

普遍性的非言語行為，每個人都大同小異；另有一種類型的肢體訊號，稱為特殊性非言語行為（idiosyncratic nonverbal behavior），也就是個人特有的訊號。

想要分辨特殊訊號，得要留意和你有固定互動的人，包括朋友、家人、同事、長期供

## 案例4：噘嘴，不悅的訊號

我替英國一家船運公司提供諮詢服務時，判讀嘴唇所透露出的普遍性暗示幫了我大忙。英國客戶要求我，在他們與一家大型跨國企業談判一項有關船隻裝備的合約時，要一直坐在旁邊。我同意了，並建議客戶逐點與對方討論草約，每一項都達成共識後才進行下一項。如此，我才能更仔細觀察對方交涉人員有無任何非言語行為，可能洩露出對我客戶有幫助的資訊。

「如果發現任何需要你留意的，我會給你打暗號，」我這樣告訴客戶，然後靜坐一旁，觀察雙方逐項檢視合約條款的過程。沒多久，我就看到一個重要的暗示。在讀到一個詳細說明裝備船隻特定部分的條款時——牽涉到數百萬美元的結構設備——對方的主要交涉人員噘起嘴，明白顯示他對合約的這個部分不滿意。

我向客戶打個暗號，警告他此處可能有爭議或有問題，應該趁大家都在場的時候重新檢視並徹底討論。

於是雙方談判人員當場就專注處理這項條款的細節，並敲定協議，最後讓我的客戶省下1,350萬美元。交涉人員不悅的非言語訊號，是發現具體問題並立即有效處理的關鍵證據。

應你商品或服務的人的行為模式。對一個人愈了解，或者與對方的互動時間愈長，就愈容易發現這類資訊；因為和一般對象比起來，你會有一個較大的資料庫可以作為判斷依據。例如，如果你兒子在考試前會搔頭或咬嘴唇，這可能就是一種可靠的特殊暗示，說明他緊張或準備不夠。這無疑已經成為他處理壓力時的部分表現，而且你會看見這種行為一再出現，因為「過去的行為是未來行為的最佳預測因子」。

**・準則五：與他人互動時，先確立對方的基準行為。**

為了掌握固定與你有互動的人的基準行為，你必須注意他們平常看起來是什麼樣、通常怎麼坐、手擺在哪裡、腳的位置怎麼放、他們的姿勢與平常的臉部表情、頭的傾斜角度、甚至他們平常是怎麼放或拿東西，例如皮包（見圖1.、2.）。你必須能夠區分他們「正常的」表情以及「緊張的」表情。

沒有建立基準，就像父母若在小孩沒生病之前，從來沒看過孩子喉嚨，他們打電話給醫生，試著要形容看到的喉嚨內部情況，但卻沒辦法做比較，因為他們從來沒有在小孩健康時看過他們的喉嚨。檢驗過正常狀態下的情況，我們才得以區分哪些是不正常的。

即使只是一次偶遇，也應該試著留意對方在你們互動開始時的「起手式」（starting position）。**確立一個人的基準行為相當重要，因為你就能判斷對方是否偏離正常**，這是非

圖 1.

注意沒有壓力時的臉部表情。眼睛放鬆，而且嘴唇應該完整可見。

圖 2.

緊張時的臉緊繃且略為扭曲，眉毛打結，額頭有皺紋。

常重要且很有情報價值的。（見案例五）

**・準則六：注意多重暗示。**

當你觀察到多重暗示，或是一組肢體訊號的行為，就能提高你解讀別人的準確度。這些訊號兜在一起像是拼圖一樣，你擁有的拼圖片數量愈多，就愈有機會將它們組合在一起，拼出全貌。好比說我看到一個競爭對手出現緊張的行為模式，但馬上又出現自行鎮定的行為，我就有把握斷定這人的談判是虛張聲勢。

**・準則七：突然改變的個人行為，要記住。**

行為突然改變，會透露出一個人如何處理資訊、或是他如何去適應影響情緒的事件。一個因為期待進入主題樂園而表現得欣喜若狂的

## 案例5：反常行為，事有蹊蹺

想像你是一個8歲男孩的父母，而小男孩正在一個大型家族聚會中排排站，準備迎接到場親友。這是一年一度的大事，你陪著兒子一起等待和大家打招呼，他幾乎都是毫不猶豫的衝上前去，給親友們一個大大的擁抱。但是看到哈利叔叔時，他卻直挺挺的站在原地不動。

「怎麼了？」你輕聲問他，把他推向正在等著的叔叔。

你兒子什麼都沒說，但是他給你的肢體訊號，暗示出他的反應是百般不情願。

你應該怎麼辦？這裡要注意的重點是，你兒子的行為偏離他的基準行為。以前他一直都是毫不猶豫的過去抱著叔叔打招呼的。為什麼行為出現改變？他「靜止不動」的反應，顯示他覺得受威脅或有負面感覺。或許他的懼怕毫無道理可言，但對於觀察敏銳且小心謹慎的父母來說，這就是警告訊號亮起來了。你兒子偏離先前的行為，顯示他和叔叔自從上次碰面到現在可能發生了不好的事。也許，只是單純的意見不合、年輕人的彆扭、或者是對叔叔偏心他人的反應。這種行為也可能暗示著更加糟糕的事。

重點是，一個人的基準行為出現變化，意謂著有什麼地方不對勁。在這個案例中，可能孩子需要進一步關心。

小孩，在得知主題樂園沒開時，行為會立刻出現變化。成人也一樣。當我們在電話裡得知壞消息，或是看到可能傷害我們的事情，身體會馬上對那樣的變化做出反應。

個人行為的變化，會透露出當事人在特定情況下的關注焦點與意圖。仔細觀察這類的變化，可以讓你在事件發生前預知，也必然讓你獲得優勢——尤其是即將發生的行為可能對你或其他人造成傷害時（見案例六）。

**・準則八：何者真實、何者誤導，分清楚。**

區別真實的訊號與誤導人的訊號，這種能力需要練習和經驗，不僅需要周密詳盡的觀察，還需要謹慎的判斷。在接下來的章節中，我將告訴你如何從個人行動中的細微差異，看出他是否真誠，增加你正確判讀對方的機率。

**・準則九：判讀自在與不安，是破解的基本。**

我成年以來大部分的歲月都在研究非言語行為，因此了解到有兩件事是我們應該關注並重視的：自在與不安。這是我教非言語溝通的基本。學習準確判讀他人的自在或不安訊號（行為），有助你破解他們身體與心理真正表達的意義。如果不確定那樣的行為代表什麼意義，就問問自己：這樣的表情看起來是否像是安心的行為（好比滿足、快樂、放

## 案例6：嗅出搶案

觀察一個人想法時，最重要非言語線索，就是構成意向性線索（intention cues）的肢體語言變化。這些行為可以透露一個人要做什麼，合格的觀察者則可因而得到餘裕時間，在預期的行為發生前有所準備。

觀察個人行為變化有多重要，我有個難忘的經驗，是在我工作的商店所發生的一起企圖搶劫案。當時，我注意到有個人站在結帳櫃檯的收銀機附近，這個行為引起我的注意，因為這人似乎沒理由站在那裡；他沒有排隊、也沒拿著任何選好的東西，站在那裡的時候，眼睛一直緊盯著收銀機。

如果他只是一直安靜的站在那裡，我最後就會對他失去興趣，把注意力轉到別的地方。但是，當我還在觀察他時，他的行為改變了：他的鼻孔放大（鼻翼擴張），透露出他在採取行動之前打算要吸足氧氣。就在事情發生的前一秒，我猜到了接下來會有什麼動作，在我對著收銀員大叫：「小心！」的同時，發生了三件事：收銀員剛好結完一筆帳，所以收銀機的抽屜大開；收銀機旁邊的那個男人往前衝，突然將手伸進抽屜裡抓了一把錢；受到我大叫提醒，收銀員抓住那個人的手一扭。搶劫未遂的罪犯因此把錢鬆開，然後衝出店外逃逸。要不是注意到他的意向性線索，我肯定那個人會抓了一把錢就跑出去。

順便告訴你，那個收銀員是我父親，1974年時，他在邁阿密經營一家小型五金店。而我是他的暑期工讀生。

鬆），還是看起來像是不安的行為（諸如不滿、不悅、壓力、焦慮、緊張）。通常，觀察到的行為都可以區分為這兩大類——自在與不安。

**・準則十：觀察別人時，要不動聲色。**

要善用非言語行為就得小心觀察別人，精確解讀對方的非言語行為。但是，在觀察別人時你不可以表現得太明顯，許多人初次嘗試觀察非言語線索時，很容易會盯著人看，這種侵犯性的觀察並不恰當。理想的方式是觀察對方，卻不為對方所知。觀察技巧需要不斷練習，就可以達到觀察成功、卻能不動聲色的境界。

在了解十個成功解讀非言語溝通的準則後，接下來的問題就是「我應該注意什麼樣的非言語行為，而它們又透露了什麼重要訊息？」

## 動作上千種，判讀哪些最重要？

人體其實可以散發出數以千計的非言語「訊號」或訊息，你必須窮盡一輩子的時間，不辭辛勞的觀察、評估、確認，才得以精準的辨認並詮釋重要的非言語溝通訊號；然而，哪些訊號才是最重要的？你又該如何解讀？所幸，在一些非常聰明的科學家協助之下，以及我作為FBI非言語行為專家的實務經驗，我們歸納出最重要的一些非言語行為，因此你可以立刻將這套獨特的知識派上用場。我們已經研發出一種模式，讓研判非言語變得容易一些，即使你忘了某些肢體訊號究竟代表什麼意義，還是有辦法破解。

在閱讀這些內容時，你將會學到一些從來沒有在其他關於肢體語言的著作中透露過的資訊，其中包括FBI實際用來解決案件的非言語行為線索判讀方法。本書有些內容可能會出乎你的意料，例如，假設你必須選擇一個人身體最「誠實的」部位，也就是最可能洩露真正感覺或意圖的部位，你會選哪個部位？猜猜看。一旦我將答案揭曉，你就會知道，想要判斷一個事業合夥人、家人、約會對象、或者全然陌生人的所思、所感、所欲時，你要先看什麼地方了。我也會解釋非言語行為的生理學原理，大腦在非言語行為中所扮演的角色。我還會告訴你洞悉謊言的真理，那些反情報探員從來不曾這麼做過。

我堅信，了解肢體語言的生物原理，可以幫助你領悟非言語行為如何運作，以及為什麼它是一個這麼有效的預測因子，可以預測人的想法、感覺、以及目的。因此，下一章將從觀察人體偉大的器官「大腦」開始，說明它如何主宰肢體語言的每個面向。不過在此之前，我要先分享一個觀察心得，是關於利用肢體語言了解並評估人類行為的實例。

## 小觀察，立下里程碑

西元一九六三年某個重大的日子，在俄亥俄州克里夫蘭鎮市、年約三十九歲的資深警探馬丁．麥克法登（Martin McFadden）注意到有兩個男人在一家商店櫥窗前徘徊不去。他們輪流窺視店內，然後走開。來回幾次之後，這兩個人聚在街角和第三個人說話，一邊還回頭看。麥克法登警探擔心那兩個人是在觀察地形，有意搶劫這家商店，於是出手干預，對他們進行搜身，結果從他們身上搜出槍枝。麥克法登旋即逮捕這三人，順利防止了一起搶案，並避免可能的人命損傷。

麥克法登入微的觀察後來成為美國最高法院一項重大判決的基礎（特瑞訴俄亥俄州案，Terry v. Ohio），該案的影響是：日後美國警察在發現有人的行為流露出犯罪意圖時，可以不需要搜查令就能攔截搜身。

因為這項判決，美國最高法院承認，只要是適當觀察與解讀，非言語行為可預示有罪。特瑞訴俄亥俄州案提供一個清楚的說明，證實我們的想法、意圖與非言語行為之間的關係。更重要的是，這個判決提供法律上的認可，證明非語言行為並非無意義或不可靠，而是於法有據，且有一定的可信度。

# 第 2 章

# 誠實腦與說謊腦

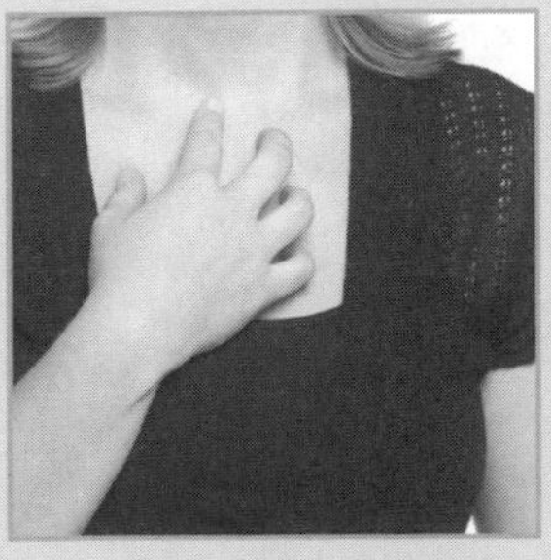

咬咬嘴唇，花一秒鐘的時間實際做做看。接著，用手掌搓搓額頭。最後，摸摸後頸部分。這些是我們經常做的事，花點時間看看別人，你會發現，他們也習慣性的做這些事。

你曾經想過，他們為什麼會這麼做嗎？你有想過你為什麼會這麼做嗎？答案就隱藏在頭蓋骨裡面——頭顱腔，這是人類大腦所在之處。一旦我們知道大腦如何徵用我們的身體，以便用非言語方式來表達情緒，我們也就會發現應該如何詮釋這些行為。因此，讓我們更仔細的觀察頭顱內部，檢視人體中最神奇的這三磅物體。

大部分的人認為自己有一個大腦，而且認為大腦是認知能力的所在。事實上，人類頭骨裡面有三個「腦」，各自執行特別的功能，合起來就成了「指揮控制中心」，控制我們身體所做的一切。一九五二年時，一位科學先驅保羅・麥克萊恩（Paul MacLean）首先提出人類的腦袋是三合一腦（triune brain），由「爬蟲類腦（主幹）」、「哺乳類腦（邊緣）」、人類腦（新大腦皮質層）」所組成（見左頁圖3.邊緣系統區圖示）。

本書中，我們將專注在大腦的邊緣系統，即麥克萊恩稱為哺乳類腦的部分，簡稱腦緣。因為它在我們表達非言語行為上，扮演最重要的角色。不過，我們會使用新大腦皮質層——就是我們的人類腦或掌管思考的腦，來嚴謹分析我們周遭所出現的腦緣系統反應，以便解讀其他人的想法、感覺或意圖。

要了解很關鍵的一點：大腦控制所有的行為，無論是有意識還是無意識的。這個前提是了解所有非言語溝通的基礎。從單純的搔頭到譜出一首交響曲，你所做的事情（除了一些不由自主的肌肉反射動作），沒有一件不是受到大腦所控制或指揮。根據這個邏輯，我們可以利用這些行為來詮釋大腦選擇對外溝通的內容。

## 誠實的腦緣系統

在我們對非言語溝通的研究中，腦緣系統就是行動的起源。為什麼？因為大腦的這個部分會對周遭環境做出反射性且立即性的反應，分秒不差且不假思

圖 3.

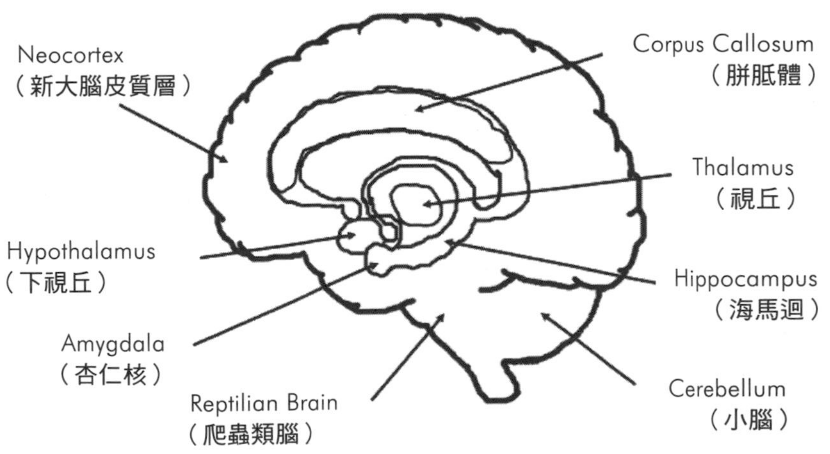


大腦的腦緣系統圖示，包含杏仁核（amygdala）與海馬迴（hippocampus）等重要部分。

索。因此，它所散發出的是對周遭資訊的真實反應。因為一力承擔我們的生存，所以腦緣系統從不休息，一直都是處於「運作」狀態。

腦緣系統也是我們的情感中心。訊號會從這個地方送到大腦的其他部分，然後再協調我們的行為。這些行為關係到我們的情緒或生死存亡，它們會透過我們的雙腳、軀幹、手臂、雙手、和臉部具體展現出來，因此是可以觀察並加以解譯的。重點是：這些反應是不假思索產生的，不同於語言，因此真實無偽。所以，在我們談到非言語時，腦緣系統被認為是**「誠實的腦」**。

腦緣系統的求生反應不僅可回溯到我們的嬰兒時期，甚至可回溯到人類的祖先。它們已經深植在我們的神經系統中，因此很難偽裝或消除——就像即使預期會有巨響，也很難試圖去壓抑驚嚇的反應。因此，這就證明了腦緣系統行為是誠實且可靠的行為，它們是我們的想法、感覺與意圖的真實展現（見案例七）。

我們大腦的第三個部分是相當晚近才加到頭顱裡的。因而被稱為新大腦皮質層（neocortex），意指新的腦。這個部分又被稱為人類的、思考的、或智力的腦，因為負責的是較高階的認知與記憶。這部分的腦，區分了人類與其他哺乳類動物，因為有相當大量（腦皮質層）用於思考。就是這個部分把我們送上月球，因為這個部分具有人類所特有的計算、分析、詮釋與直覺感應能力，因此是我們重要且具創造力的腦。

## 案例7：逮住千禧年炸彈客

腦緣系統沒辦法以認知能力控制，因此在詮釋非言語溝通時，腦緣所產生的行為就應該賦予更多的重要性。你可以試著掩飾真實情緒，但是腦緣系統會自我控制而散發出線索。觀察並了解這些警覺反應，其意義極為重要，甚至可以救命。

這樣的一個例子發生在1999年的12月，一名警覺性高的美國海關人員攔阻了一名後來被稱為「千禧年炸彈客」的恐怖分子。利薩姆（Ahmed Reesam）從加拿大邊境要進入美國時，海關人員黛安娜．狄恩（Diana Dean）注意到他既緊張又大量流汗，因此請他下車、進一步訊問。利薩姆當場就想逃跑，但馬上被抓住。在他的車上，海關人員發現爆裂物與計時器。利薩姆最後以密謀炸彈攻擊洛杉磯機場被定罪。

海關人員注意到的緊張與流汗，是在面對巨大壓力時，由大腦控制所做的反應。因為這些腦緣系統的行為真實無欺，黛安娜知道她所觀察到的肢體語言有必要進一步調查。利薩姆事件說明，一個人的心理狀態如何以非言語的方式透過肢體呈現。在這個案例中，差點得逞的炸彈客顯然十分害怕會被發現，於是腦緣系統洩露了他的緊張，儘管他有意識的竭力隱藏真正的情緒。海關人員黛安娜敏銳的觀察非言語行為，遏止了一起恐怖攻擊行為。

但是，這部分的腦同時也是最不誠實的；所以這是我們「**說謊的腦**」。因為它可以進行複雜的思考，這部分的腦不同於腦緣系統，是大腦三個主要部分中最不可靠的。這個部分的腦會欺騙，而且常常有欺騙行為。

回到我們稍早的例子，儘管腦緣系統可能導致千禧年炸彈客在被海關人員訊問時大量流汗，新大腦皮質層卻有辦法讓他隱瞞真正的情緒。萬一海關人員問到他車上有什麼時，大腦掌管思考的部分，也就是控制我們說話能力的部分（明確的說，就是布洛卡區①），會驅使炸彈客說：「我車上沒有爆裂物」，雖然這種說法根本是一派胡言。新大腦皮質層可以輕易的讓我們告訴一個朋友說，我們喜歡她的新髮型，即使我們並沒有很喜歡；它可以幫我們說出非常有說服力的說詞：「我柯林頓，和那個女人——陸文斯基女士，沒有性關係。」

由於新大腦皮質層（思考的腦）有欺騙的能力，因此並不是可靠或正確資訊的理想來源。總之，說到能透露誠實的非言語行為、幫助我們解讀他人，腦緣系統是肢體語言的聖杯，大腦的這個部分是我們要關注的。

---

① 布洛卡區（Broca's Area），即語言中樞，掌管語言的產生與咬字的清晰程度。

## 腦緣系統的三種立即反應

腦緣系統確保人類生存的典型方法之一，就是在遇到危險時控制我們的行為——而過程中會產生相當多可靠的非言語暗示。無論是史前人類遇到石器時代怪獸，還是現代員工面對鐵石心腸的老闆，幾千年來，我們一直保有那種來自動物的遺傳，以發自內心的反應來適應生存、挽救生命。為了確保我們的生存無虞，大腦對於痛苦或威脅的精密反應有三種形式：**靜止、逃跑與奮戰**（freeze, flight, fight）。就像其他動物的腦緣系統也會以這種方式保護它們一樣，擁有這種腦緣系統反應的人類能夠倖存並繁殖，因為這些行為已經深植在我們的神經系統中了。

我相信許多人都很熟悉「打帶跑」（fight-or-flight）這樣的反應，這是形容我們遭受威脅或危險情況如何反應時的常用術語。遺憾的是，這個說法只說對了三分之二，而且還說顛倒了！事實上，包括人類在內的動物，對於危機的反應依序如下：靜止↓逃跑↓奮戰。如果反應真的是打帶跑，大多數人大概都會是鼻青臉腫、遍體鱗傷、而且筋疲力竭。

人類一直保有這種處理壓力與危機的精密流程，還不斷精進，而且因此所產生的非言語行為，能幫助我們得知一個人的想法、感覺與目的，所以值得我們花工夫詳細檢驗每一種反應。

## 靜止——措手不及求生術

一百萬年前，當人類祖先橫越非洲大草原時，面臨許多可能跑得比他們快、力氣比他們大的掠食者。順利完成遷徙的早期人類，是因為從動物祖先演化出的腦緣系統發展出的策略，足以彌補掠奪者比我們有力氣的優勢。這種策略、或者說腦緣系統的第一道防衛，就是在面臨掠食者或其他危險時，採用靜止反應。移動會引來注意；在一感受到威脅就立刻靜止不動，腦緣系統讓我們以儘可能最有效的方式反應，確保我們的生存。大部分的動物，當然是指大多數的掠食者，會被任何動靜所吸引並做出反應，因此面臨危險時靜止不動是合理的。許多肉食性動物會追逐移動的目標，進行最主要的掠食者——大型貓科動物——所表現的「追捕、絆倒、撕咬」過程。

許多動物在面對掠食者時，不僅會停止動作，有些甚至會裝死，這是靜止反應的極致表現。這也是負鼠採用的策略，但是它們並不是唯一會這麼做的動物。事實上，科倫拜（Columbine）與維吉尼亞理工大學（Virginia Tech）校園槍擊案的報導，證明了學生利用靜止反應來因應致命的掠殺者——維持不動裝死，許多學生即使距離殺手僅有幾英尺遠，也得以倖存。出於本能，這些學生採用非常有效的古老行為。停止動作，通常可以讓別人幾乎察覺不到你，這是每個軍人與特種部隊隊員都知道的。

因此，靜止反應從遠古人類流傳至現代人，直至今日仍然是我們對抗已知威脅或危險時的第一道防衛。事實上，在拉斯維加斯有大型貓科動物表演的劇場中，你仍然可以看到觀眾對大貓做出這種古老的腦緣系統反應。當老虎或獅子走在舞台上時，坐在第一排的人手臂或雙手肯定不會做出任何不必要的動作，他們會固定在座位上。沒有人發備忘錄給這些人，要他們維持不動，他們這麼做，是因為超過五百萬年來，腦緣系統已經將人類訓練成在面臨危險時要這樣表現。

在現代社會中，靜止反應在日常生活中運用得更加細膩。人在虛張聲勢或偷竊、或說謊卻被發現時，你可以看到這種行為。一般人在覺得受威脅或暴露於危險當中時，他們的反應就像一百萬年以前的祖先一樣：靜止不動。同樣是人類，不只我們知道在發現或察覺到危險時要靜止，周圍的人即使沒看到威脅，也知道要模仿我們的行為、停止他們的動作。這種模仿或擬態（isopraxism，做出同樣的動作）是演化而來，因為這對人類的團體生存、與社會和諧相當重要（見案例八）。

這種靜止的動作有時候被稱為「車頭燈前的鹿——措手不及」效應。當突然陷入可能的危險情境時，我們會馬上定住，再採取行動。在我們的日常生活中，這種靜止反應會很單純的顯現出來，就像有人走在街上突然停下來，或許會用手掌拍額頭，然後轉身回公寓關掉爐子。這樣短暫的停頓就足以讓大腦做出快速的判斷，到底這個威脅是以掠奪者的形

## 案例8：面面相覷——靜止反應

幾個星期前，我在母親家裡和家人一起看電視、吃冰淇淋。那時候夜深了，有人按電鈴，這在那個社區是非常罕見的狀況。剎那間，不分老少，每個人吃到一半的手都定住了，好像是刻意安排似的。看到我們全都分秒不差的同時做出「雙手瞬間凝結」反應，實在是很神奇的景象。原來是我姊姊忘了帶鑰匙，但我們當時不知道是她在按電鈴。這是個很好的例子，說明對已知威脅根深柢固的共同反應、以及腦緣系統的第一反應，就是靜止。

戰鬥中的士兵也是這麼反應。當前導偵察兵停住不動時，大家也都停住；一切盡在不言中。

式出現，還是一個記起來了的想法。不管是哪一種，心靈都必須處理一個潛在的危險情境。

我們不僅在遇到身體或是視覺上的威脅時會靜止，而且就和深夜門鈴的例子一樣，聽到有威脅（聽覺威脅）也會提醒我們的腦緣系統注意。例如，在被責罵時，大多數的人都會靜止不動。當一個人認為被訊問到可能會讓自己身陷麻煩的事物時，也可以觀察到同樣的行為：這個人會定在椅子上，好像坐在「逃生座椅」上一樣。

在面談會中出現與腦緣系統靜止反應相似的行為，就是會屏息或者呼吸變得非常淺短。同樣的，這也是面對威脅時的一種非常古老的反應。受訪者不會注意到，但是只要留意，卻是相當顯而易見的。我在面談或宣誓作證中，常常得告訴受訪者放鬆，深呼吸一口氣，因為他並沒有察覺到自己的呼吸變得多淺短。

與遭遇威脅時必須靜止一樣，當人在被偵訊到是否幹過某件事情時，通常會將雙腳固定在一種安全的姿勢——放在椅腳後方交叉，而且會很長一段時間都維持這樣的姿勢。看到這種行為時，我就知道事情不太對勁，這是一種需要進一步探索的腦緣系統反應。這個人可能有、也可能沒有說謊，因為欺騙是沒辦法直接分辨的，但是可以從他們的非言語行為確定，一定有什麼事情讓他們感到緊張。於是，我就會透過訊問或者互動，追究他們不安的來源。

大腦腦緣系統另有一種「修正靜止反應」，就是藉由減少暴露的機會來保護自己。在監視小偷時，其中最特別的一事就是，竊賊常常會企圖以抑制動作來隱藏他們的存在，或者彎腰駝背，以努力不要被人看見。諷刺的是，在賣場中，這反而使順手牽羊的人更加引人注意，因為這偏離了正常的購物行為。大多數的人會在商店裡四處走動，雙手動個不停，而且身形挺直，並不會彎腰駝背。

就心理學來說，這些扒手，或者好比你的兒女想要神不知鬼不覺的從儲藏室裡偷餅乾時，都會企圖從開放空間中「隱身」，進而控制周遭的環境。一般人企圖從開放空間中隱身的另外一種方式，就是限制他們的頭暴露在外的機會。也就是聳起肩膀、低下頭的

圖 4.

烏龜效應——肩膀朝耳朵的方向聳起，常見於被貶低或突然失去信心時。

「烏龜效應」（turtle effect）。想像一個輸球後離開球場的足球隊，你就可以了解（見圖4.）。

很有趣但也很不幸的是，受虐兒通常會表現出「靜止」的腦緣系統行為。當施虐的家長或大人在場時，他們的雙手會一動也不動的靜置在身體兩側，而且避免眼神接觸，好像這樣可以幫助他們不被人發現。某種程度來說，他們是在開放空間中尋求隱身，而這是這些無助小孩的求生工具。

## 逃跑反應——把包包放膝上

靜止反應的一個目的就是要避免被危險的掠奪者發現或陷入險境，第二個目的是要給受威脅的個體有機會評估局勢，決定該採取的最佳行動方向。當靜止反應不足以消除危險，或者並非最佳行動方向時（例如，威脅太接近了），第二個腦緣系統反應就是以逃跑反應（flight response）脫身。這種選擇的目的，顯然是要逃避威脅或者最起碼能拉開與威脅之間的距離。當然，在可行的時候，奔跑是有用的，而且是一種我們大腦幾百萬年來當機立斷、指揮身體以遠離危險的求生機制。

然而，在現代世界中，我們生活在都市而不是野外，很難用逃跑的方式離開威脅，因此我們必須調整逃跑反應以滿足現代需求。這種行為沒有那麼明顯，但是目的相同——不管是要阻擋、還是要擺脫討厭的個體或事物。

如果回想一生中經歷過的社交互動，你可能就會想起採取過的一些「逃避」行為，讓你可以擺脫他人討厭的關注。就像小孩子會閃避餐桌上不喜歡的食物，同時將雙腳轉向出口的方向一樣，一個人可能會迴避某個她不喜歡的人，或是避免會威脅到她的談話。阻斷行為（blocking behaviors）呈現的方式可能是閉眼、揉眼，或者將手放在臉的前面。

這個人也可能會傾身偏離、將物體（手提包）放在膝上，或者將雙腳朝向最近的出口以拉開別人與自己的距離。這些逃跑反應的行為全都是由大腦腦緣系統控制的，顯示這個人希望疏遠一個或更多個不喜歡的人、或是周遭任何已知的威脅。同樣，我們進行這樣的行為，是因為幾百萬年來，人類都會退縮遠離自己所不喜歡、或可能傷害自身的事物。因

**圖** 5.

一般人在不同意對方、或者覺得不安時，身體會下意識的偏離對方。

此，直到今天，我們會從一個糟糕的宴會中迅速離開，好讓我們自己擺脫一段惡劣的關係，要不就是偏身以遠離我們不喜歡或強烈不認同的人（見圖5.）。

就像一個人可能會閃避約會對象，談判中的個人如果在協商進行時，聽到不喜歡的條件或覺得被威脅，他也可能會迴避對手。阻斷行為也可能會出現，對方可能會閉上眼或揉眼睛，或者將手放在臉的前方（見圖6.）。他可能會傾身遠離桌子或對方，同時也將腳移開，有時還朝向最近的出口方向。這些並不是欺騙的行為，而是顯示一個人覺得不安的動作。這些由來已久的逃跑反應，顯露出來的形式就是採取拉開距離的非言語行為，於是你知道這個人對於談判桌上發生的事情不滿意。

圖 6.

阻擋視線是表達驚愕、懷疑、或不同意，是非常強烈的表現方式。

## 奮戰——眼神的侵略

奮戰反應是大腦腦緣系統透過侵略行為求生存的最後策略。當一個人遭遇危險，沒辦法以靜止不動而不被發現，而且也沒辦法以拉開距離或逃避來自救，剩下唯一的方式就是奮戰。在人類演化過程中，我們——以及其他哺乳類動物——發展出化恐懼為憤怒、擊退攻擊者的策略。然而，在現代世界中，因憤怒而行動也許不可行或甚至不合法，因此腦緣系統發展出其他策略，以超脫較為原始的肢體奮戰反應。

現代版的一種侵略行為就是爭論。儘管爭論（argument）的原始意義是與爭辯或討論有關，但卻逐漸被用來形容言語上的爭吵。一場過度激烈的爭論，基本上就是以非肢體的方法「奮戰」。利用羞辱、人身攻擊的說法、反控、詆毀專業地位、刺激以及挖苦嘲諷，全都算是現代版的奮戰，因為它們都是侵略的形式。仔細想想，民事訴訟甚至可以解釋為一種現代社會制裁形式的戰鬥或侵略，由訴訟當事人激烈的爭執兩種相反的觀點。

儘管比起歷史上的其他時代，現在人類較少進行肢體性爭吵，但是爭鬥仍然是我們腦緣系統兵器庫的一部分。雖然有些人會比一般人更有暴力傾向，但我們腦緣系統反應的很多表現方式並不限於拳擊、腳踢、撕咬。你可以非常富侵略性卻沒有肢體上的碰觸，例如，只是用姿勢、眼神、抬頭挺胸、或是侵犯別人的個人空間。威脅個人空間會誘發個人的腦緣系統反應。領土侵犯也可能造成集體的腦緣系統反應，當一個國家入侵另外一個國家的空間，通常會導致經濟制裁、斷絕外交關係、甚至戰爭。

當一個人採用奮戰反應來進行實際攻擊時，的確是很容易辨認，但我想要提出來的是一些不太明顯的行為，即個體所展現出一些與奮戰反應有關、但比較細微的行為。就像我們見過的腦緣系統反應中，靜止與逃跑的修正表達方式，現代禮儀致使我們在遭受威脅時，會克制而不以原始天性出手搏鬥。

基本上，我建議大家節制，不要以侵略性行為（言語或肢體）作為達成目標的手段。就像奮戰反應是處理威脅的最後手段——唯有在靜止與逃跑策略都證明無效之後，才使用——你也應該盡可能避免。除了基於顯而易見的法律與生理因素而這麼建議之外，也因為侵略性的策略可能導致情緒混亂，因而更難專心，並清楚思考眼前受威脅的情境。當我們情緒受到刺激，像是大打一架就有這種效果，會影響我們有效思考的能力。發生這種情況，是因為我們的認知能力被綁架，亦即大腦腦緣系統可能已經完全啟用了所有的腦力資源。研究非言語行為的最佳理由之一，就是在別人意圖傷害你時能夠察覺，讓你有時間可以避開一場衝突。

## 安撫動作洩漏真相

且從歷史久遠的《星際爭霸戰》（*Star Trek*）影集借用一個名詞，大腦腦緣系統的「最高指導原則」（prime directive）是要確保我們的生存。它的方法就是內化為預定步驟，藉由盡可能避開危險不安、並尋求安全自在，讓生命得以安全無虞。同時，我們也牢記過去遭遇的經驗並加以累積（見案例九）。

到目前為止，我們已經了解到，腦緣系統如何有效率的幫我們對付威脅。現在，我們來看看大腦與身體如何合作安撫我們，讓我們對個人安全有信心。

當我們體驗到一種舒適幸福的感覺時，腦緣系統會以符合我們正面情緒的肢體語言形式「洩露」這項資訊。觀察微風徐徐時在吊床上歇息的人，他的肢體會反映出大腦所感受到的高度舒適。相反的，當我們覺得痛苦（不安），腦緣系統表達出的非言語行為，就會反射出我們的負面狀態，你只消看看飛機航班取消或延誤時，機場裡的人的身體動作就道盡一切。因此，我們應該學會更密切的觀察每日所見的各種自在與不安行為，用以判斷感

### 案例9：為什麼很難原諒傷害我們的人？

脳緣系統就像電腦一樣，從外在世界接收並保留資料。脳緣系統藉此收集並維持一個負面事件與經驗，例如手指被熱爐子燙傷、被人或動物等掠奪者攻擊、甚至是傷人的評論；當然，脳緣也會留下愉快遭遇的紀錄。利用這些資訊，脳緣系統讓我們得以安渡這個危險、而且通常無情的世界。比方說，一旦脳緣系統將一種動物登錄為危險，這樣的印象會烙印在我們情緒記憶中，因此下次看到這種動物時，我們會馬上反應。同樣的，如果我們二十年後巧遇「班上的霸王」，久遠以前的負面感覺又會再次浮上表面，這要拜脳緣系統之賜。

我們通常很難原諒傷害我們的人，理由在於這樣的經驗記錄在比較原始的脳緣系統裡頭，而這部分的大腦原本就不是用來推理思考，而是直覺反應。不久前我遇到一個和我關係從來沒好過的人，上一次見到那個人已經是四年前了，但是我發自內心深處（也就是脳緣系統）的反應，就像多年前一樣差。大腦提醒我，這個人會占別人的便宜，所以警告我要保持距離。這種現象正好就是蓋文·德·貝克（Gavin de Becker）在他那本具深刻洞察力的《求生之書》②中所討論的。

相反的，脳緣系統也會有效率的運作，記錄並保留一份正面事件與經歷的紀錄，例如滿足了基本需求、得到讚美以及愉快的人際關係。因此，一張友善或熟悉的臉，會

②《求生之書》（*The Gift of Fear*），繁體中文版本由臺灣商務印書館出版。

> 引起立即反應：一種愉悅與幸福的感覺。當我們看到老朋友、或認出兒時喜愛的味道時，會產生歡喜幸福的感覺，是因為這些經歷已經記錄在與腦緣系統有關的記憶庫「舒適區」（comfort zone）裡頭了。

覺、想法、與意圖。

一般而言，當腦緣系統處在舒適狀態時，心理與生理的安逸會以非言語的表現方式，反映出心滿意足與信心高昂。然而，當腦緣系統經歷不安時，相對應的肢體語言就會出現壓力或信心低落特徵的行為。認識這些「行為標記」或暗示，將可幫助你判斷一個人可能在想什麼，或者在任何社交或工作場合與人應對時，應該怎麼做或會遇到什麼事。

## 幽微動作意義重大

了解腦緣系統靜止、逃跑、與奮戰反應如何影響非言語行為，只是這道方程式的一部分。在了解非言語行為時你會發現，每當有腦緣系統反應，特別是面對負面或危險的經驗時，接下來一定會有所謂的**安撫行為**（pacifying behaviors）。

這些動作，通常在文獻中都稱為適應行為（adapters），是在經歷某些不愉快或非常令人作嘔的事情之後，用來讓我們平撫鎮靜的。為了設法恢復到「正常狀態」，大腦會徵得身體的協助，提供平靜撫慰（安撫）的行為。這些都是可以及時判讀的外顯訊號，我們能立刻從整個背景觀察並予以解讀。

平靜安撫並不是人類所獨有的，貓和狗也會舔自己或互舔來安撫。人類進行的是更加多樣的撫慰行為，有些非常明顯，但有些則細微得多。要你舉例說出一種鎮靜安撫行為時，大多數的人很快就會想到小孩子吸吮大拇指，但卻沒有想到，當長大到不適用這種安撫行為時，我們會採用不引人注目且社會比較能接受的方式，來滿足鎮靜自己的需求，好比嚼口香糖、咬鉛筆。大多數的人沒注意到這些比較細微的安撫行為，或者沒有察覺到這些行為對於揭露一個人的想法與感覺，有多大的意義。這實在可惜。

想成功解讀非言語行為，學會分辨並譯解人類的安撫行為絕對是關鍵。為什麼？因為安撫行為透露了非常、非常多個人的心智狀態，而且精確度高到不可思議（見案例一〇）。

我從人們身上尋找安撫的行為，判斷他們是否覺得不自在，或者他們是否對我所做或所說的事情有負面反應。在面談的場合中，這樣的行為表現或許是針對特定問題或評論的回應。暗示不安的行為，例如傾身遠離、皺眉、手臂交叉或緊繃，通常跟著會出現由大腦下令雙手進行安撫的動作（見圖8.）。我會留心這種行為，以確認我正在交手的這個人心裡怎麼想。

舉例來說，如果我每次問調查對象：「你認識希爾曼先生嗎？」他回答：「不認識。」但是馬上摸脖子或嘴巴，我就知道他是針對那個問題在做安撫（見圖9.）。我不知道他是否說謊，因為欺騙狡詐是出了名的難以察覺；但我知道他對這個問題感到不安，甚至於在聽到之後還得安撫自己。這會促使我進一步探究。

安撫行為是調查人員要注意的重要部分，因為有時候有助於揭露謊言或隱藏的資訊。我發現，察覺安撫行為的重要性與可靠性，要高於設法讓人說實話。**它們有助於確認到底是什麼問題讓人煩惱痛苦，知道這些通常可以引導出原本祕而不宣的資訊**，就能給我們一些新的見解。

## 只為召喚腦內啡

安撫行為有很多種形式。緊張時，我們可能會以輕柔的按摩舒緩頸部、撫摸臉部、或者玩頭髮，這是不自覺進行的。我們的大腦釋出這樣的訊息：「現在請讓我安撫平靜下來，」而我們的手會立即反應，提供一種有助於讓我們恢復自在的動作。

有時候我們安撫鎮靜的動作，是用舌頭從裡面摩擦腮幫子或嘴唇，或者鼓起腮幫子緩緩吐氣，讓自己冷靜下來（見圖10.、11.）。如果緊張的人是個菸槍，就會吸更多菸；如果這個人會嚼口香糖，就會嚼得更快。這些安撫行為全都能滿足大腦同樣的需求；也就是說，大腦要求身體做點刺激神經末梢的事，釋出大腦裡鎮靜用的腦內啡（endorphin），這

### 案例10：她在摸胸窩，意思是？

觸摸脖子或撫摸脖子，是我們反應壓力時，最重要且最常見的安撫行為。當女性出現頸部的安撫動作時，她們通常是用手遮住或觸碰胸骨上凹（suprasternal notch）（見圖7.）。胸骨上凹是介於喉結與胸骨之間的凹陷區域，有時候又被稱為胸窩（neck dimple）。當一位女性碰觸脖子的這個部分、用手遮住時，通常是因為她覺得難過、受到威脅、不安、有危險、或者害怕。這是一種相當重要的行為線索，尤其是可以用來探測出一個人說謊或隱瞞重要訊息時，所經歷的不安情緒。

有次調查，我們認為一個有武裝的危險逃犯可能就藏匿在他母親的家裡。另外一位探員和我到這位母親的家中，當我們敲門時，她同意讓我們進屋。我們表明身分後，開始問她一連串的問題。當我問到：「你的兒子在屋裡嗎？」她把手放在胸骨上凹處，然後說：「沒有，他不在這裡。」我注意到她的舉動，然後我們繼續問話。過了幾分鐘後，我又問：「有沒有可能你去上班時，你兒子偷偷溜進屋裡？」又一次，她舉起手放到胸窩，然後回答：「不可能，我會知道的。」我這時確定她的兒子就在屋裡，因為她唯一會把手移到脖子上的時候，就是在我暗示這個可能時。

為了完全確認我的假設正確，我們繼續和這位女士談話，直到我們準備離開時，我提出最後一個問題。「我只是要完成紀錄，你確定他不在屋子裡，對吧？」第三次，在她重申稍早之前的答案時，手又移到脖子上。這時我確

圖 7.

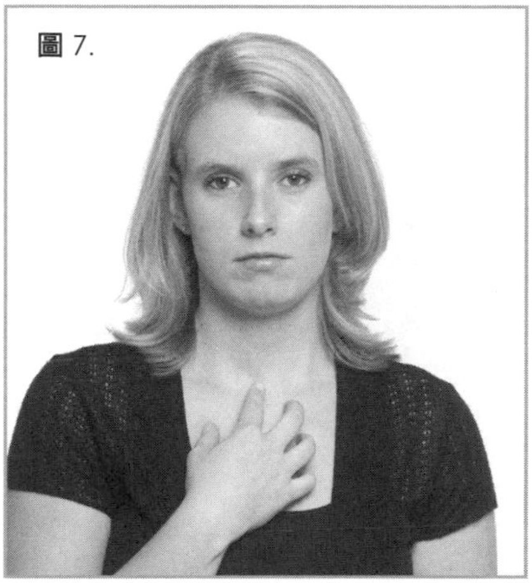

遮住胸窩可以即時撫慰心神不寧、情緒上的不安、恐懼或憂慮。把玩項鍊通常也是為了同樣的目的。

定這位女士在說謊。我取得許可之後搜屋，她的兒子果然就藏在一個衣櫥裡的幾條毯子底下。有關逃犯兒子的事情對警察撒謊，造成她的不安，使得她的腦緣系統產生一種以手安撫的行為，這動作出賣了她。

樣大腦才能夠獲得撫慰。

就我們觀察的目的來說，任何回應負面刺激，諸如遇到困難的問題、尷尬的處境、或者因為聽到、看到或想到什麼事而產生壓力，當事人所做的碰觸臉部、頭部、頸部、肩膀、手臂、手或腿的動作，都是安撫行為。這些撫摸的行為不能幫我們解決問題，但是，可以幫我們在解決問題時保持冷靜。換句話說，這麼做讓我們受到撫慰鎮靜。男性比較喜歡碰臉，女性則偏好碰觸脖子、衣服、首飾、手臂及頭髮。

至於說到鎮靜動作，則是人各有所好，有些人選擇嚼口香糖、抽菸、吃更多東西、舔嘴唇、搓下巴、摸

摩擦額頭通常是種理想的指標，顯示這個人正在掙扎，或者正在忍受輕微或嚴重的不安。

觸摸脖子發生在情緒不安、懷疑或侷促不安時。

圖 10.

觸摸臉頰或臉部，是緊張、惱怒、或憂慮時的一種安撫方式。

圖 11.

鼓起腮幫子吐氣是釋放壓力並安撫自己的理想方法。在近乎災難的事後，可以注意到一般人常常會有這個動作。

臉、把玩東西（筆、鉛筆、口紅或手錶）、拉頭髮、或者抓抓前臂。有時候安撫動作甚至更為微妙，例如輕拍襯衫的正面或是調整領帶（見下頁圖12.），看似不過在打理自己，但其實是藉由將手臂伸展橫過身體，給手一點事情做，以鎮定自己的焦躁不安。這些也是由腦緣系統掌管的安撫行為，呈現出對壓力的反應。

以下是一些最常見且最明顯的安撫行為。看到的時候，停下來問問自己：「這個人為什麼要做這種安撫動作？」能夠將安撫行為連結到導致形成壓力的具體因素，可以幫助你更加精準的了解一個人的想法、感覺、與企圖。

## 為什麼我們愛摸脖子

觸摸或撫摸頸部，是我們用來反應壓力最重要、最常見的安撫行為。有人可能會用手指摩擦或按摩脖子的後面；另一個人可能會撫摸脖子的兩側，或者是下巴以下、喉結以上的部分，拉起脖子最多肉的地方。這個區域有很多神經末梢，撫摸時可以降低血壓、放慢心跳，同時讓一個人冷靜下來（見圖13.、14.）。

研究非言語行為這幾十年來，我注意到，男性與女性在施用頸部自我安撫動作時，有性別差異。男性的安撫行為動作會比較用力，用手抓住或緊貼著下巴下方的脖子部位，藉此刺激頸部神經（明確的說，迷走神經或頸動脈竇），就可以減緩心跳而帶來安撫的效果。有時候男性會用手指撫摸脖子的兩側或後面，或者調整領帶結或襯衫領（見七十二頁圖15.）。

圖 12.

男性會調整領帶來因應不安與不自在。這也算撫觸胸骨上凹行為的一種。

女性的安撫動作不同。舉例來說，當女性在頸部做出安撫動作時，如果有戴項

圖 13.

男性通常會按摩或撫摸頸部來平撫痛苦。這個區域有很多神經，包括迷走神經，按摩時，會減緩心跳。

圖 14.

男性通常比女性更用力的遮蓋頸部，藉此來應付不自在或不安。

鍊，她們有時候會碰觸、搓捻，要不就是把玩項鍊（見案例一一）。正如上文所述，女性在頸部安撫的另一種主要方式，就是用手遮住胸骨上凹。女性在覺得緊張、不安、受威脅、害怕、不自在或焦慮時，會用手碰觸、用手遮住胸骨上凹的部分。有趣的是，當對方為孕婦時，我注意到她的手一開始會先移向脖子，但在最後一刻會轉向肚子，好像要遮住胎兒似的。

## 動動臉的安撫行為

觸摸或輕撫臉部，是人類面對壓力時常見的一種安撫反應。諸如搓揉額頭；觸摸、搓揉、或舔舐嘴唇；用大拇指與食指拉扯或按摩耳垂；輕撫臉部或鬍鬚；還有把玩頭髮，在面對緊張情況時全都有安撫

圖 15.

即使是短暫的觸摸頸部，也有減緩焦慮或不安的效果。觸摸或按摩頸部是一種有效且普遍常見的紓壓與安撫方式。

### 案例11：手臂好像壓力表的指針

觀察一對在餐桌上交談的伴侶。如果這位女士開始把玩起項鍊，極有可能是她有點緊張。但如果她的手指轉到胸窩（胸骨上凹處），有可能她在擔心什麼問題，或者她覺得很沒有安全感。在大多數的情況下，如果她把右手放在胸骨上凹，就會以左手握住右手肘，等到緊張狀態結束，或者談話間令人不安的部分暫停，她的右手就會放下，放鬆的與彎曲的左臂交叉。如果情況再度變得緊張，她的右手會再一次抬起來到胸骨上凹的地方。從遠處看，手臂的動作看起來就像是壓力表上的指針，因為所感受到的壓力程度，從靜止在手臂上，移到觸摸頸部而垂直豎立，然後又回到原處。

之用。如前文所述，有些人會以鼓起腮幫子然後緩緩吐氣來安撫鎮靜。臉部佈滿了為數眾多的末梢神經，因此成為身體中可讓腦緣系統用來鎮定自己的理想部位。

## 發出聲音安撫自己

吹口哨也是一種安撫行為。有些人在走到城市中的陌生區域、或是走進一條黑暗、荒無人煙的走廊或街道時，會吹口哨來使自己鎮靜下來。有些人在面對壓力時，甚至會自言自語以安撫自己。我有個朋友（我相信我們也都是這樣）在緊張或煩亂時，會連珠砲似的說個不停。有些自我安撫行為結合了觸覺與聽覺，例如輕敲鉛筆或是敲手指頭。

## 打呵欠不是想睡

有時候，我們發現承受壓力的人會過於頻繁的打呵欠。呵欠不僅是深呼吸的一種，面對壓力時，因為嘴巴會變乾，打呵欠還可以對唾腺產生壓力。焦慮時，延展嘴巴內部與周遭的不同結構，能讓唾腺釋放水分到乾燥的嘴裡。在這種情況下，呵欠並不是因為缺乏睡眠，而是因為壓力造成。

## 刷腿會洩底

刷腿（leg cleansing）是經常忽略的一種安撫動作，因為這通常發生在書桌或餐桌下。這種鎮定或安撫的動作是手掌向下地放到腿上，然後沿著大腿滑到膝蓋（見圖16.）。有些人這種「刷腿」的動作只做一次，但大多會一再重複，要不然就只是按摩大腿。這麼做也可能是要將因焦慮而汗濕的手掌擦乾，但最主要還是想擺脫緊張壓力。這種非言語行為值得留意，因為這是顯示一個人承受壓力的可靠線索。觀察把手臂放在桌面下的人，如果他們在做刷腿的動作，手掌沿著腿摩擦時，你自然就會看到，上臂與肩膀也會跟著同時移動。

根據我的經驗，我發現，刷腿動作因為會非常快速的出現，以反應負面事件，所以是觀察的重點。多年來在許多嫌犯被提示明確證據的案件中，例如他們已經非常熟悉的犯罪現場照片（犯罪意識），我就會注意到有這種動作。這種刷洗的安撫行為同時達成兩件事：擦乾汗濕的手掌，並透過觸覺來安撫鎮靜。當一對坐在位子上的情侶被一個不受歡迎的入侵者打擾或打斷，或者有人努力要想起一個名字時，也會看到這種動作。

警方在偵訊工作開始時，要觀察是否出現手／腿的安撫動作，然後留意在提出困難的問題時，動作是否逐漸增加。不管是刷腿動作的次數還是力道增加，都是非常好的指標，顯示問題已經使這個人不安，不管是因為他自知有罪而說謊，或者因為你已經逼近某件他不想詳談的事情（見案例一二）。這種行為也有可能因為受偵訊者被要求回答我們的問題，感到痛苦而發生。因此，要監視手臂的動作，掌握桌子下的動靜。你會很意外的發現，你可以從這些行為收集很多資訊。

有關刷腿動作，有個提醒要你留意。儘管在說謊的人身上確實可以看到這個動作，但我也曾在純粹因為緊張、但是清白無辜的人身上發現過，所以要小心，不要驟然下結論。

詮釋刷腿動作的最佳方式，就是要先確認，這動作真的是在反映大腦對安撫的需求，接下來才進一步調查這個人刷腿的理由。

圖 16.

在感到有壓力或緊張時，一般人的手掌會「刷」膝蓋來安撫自己。雖然常常會因為在桌面下進行而沒有被發現，但這是暗示不安或焦慮非常精準的一種指標。

### 案例12：網路相簿別亂搞

在一次求職面試中，一位應徵者接受準雇主的提問。一切進行得很順利，直到面試快結束時，求職者開始談到人際網絡以及網際網路的重要性。雇主讚美他的這番評論，然後冷不防的說起，大多數的大學畢業生是以破壞性的方式使用網路來建立人際網絡，好比利用類似Facebook之類的網站，張貼一些以後可能讓自己難堪的訊息和照片。就在這時，這位雇主注意到應徵者的右手用力的刷腿，沿著大腿來回摩擦好幾次。這位雇主當下沒有說什麼，謝謝這位年輕人前來面試，然後送他離開辦公室。他立刻回到電腦前，查看這個年輕人在Facebook有沒有檔案。果然有，而且有點不堪入目！

## 透氣通風

這個動作是指一個人（大多是男性）將手指放在襯衫衣領與脖子之間，然後將布料扯離開皮膚（見圖17.）。這種透氣的動作通常是對壓力的反應，而且是觀察一個人是否對正在思考的某件事、或身處的環境感到不滿的可靠指標。女性進行這種非言語動作會比較細膩，只是拉拉上衣正面，或者是把背面的頭髮甩開，好讓脖子透氣。

## 給自己抱抱

當面臨緊張狀況時，有些人會好像覺得冷似的而交叉雙臂，並用手搓揉肩膀安撫自己。看到有人使用這種安撫行

圖 17.

讓頸部透氣，可以紓解壓力與情緒上的不安。喜劇演員丹傑菲爾德（Rodney Dangerfield）最為人所知的就是當他沒有受到「尊重」時，就會有這個動作。

為，讓人聯想到母親緊抱小孩的方式。那是一種在我們希望有安全感時，用來安撫自己的保護性及撫慰鎮靜動作。不過，如果看到一個人的雙臂在胸前交叉、傾身向前、而且對你一臉挑釁的表情，這就不是安撫行為了。

## 以安撫動作有效判讀別人的要訣

想要透過非言語的安撫行為認識一個人，有幾個準則必須要遵守：

❶ 在安撫行為出現時要能判別。我已經告訴你所有重要的

安撫動作了，你竭盡所能的去發覺這些肢體訊號，就會愈來愈容易在與他人互動時發現它們的蹤影。

❷搞懂對方的安撫基準行為。這樣你就會注意到這個人安撫行為的次數及強度是否增加，並據此反應。

❸當你看到一個人在做出安撫動作時，停下來問問自己：「什麼原因造成他這麼做？」你知道這個人對某件事感到不安，而你是個非言語情報的收集者，你要找出到底是什麼原因。

❹要知道，安撫行為幾乎都發生在緊張事件後，用來鎮靜撫慰人的。因此我們可以建立一個通則：如果有個人做出安撫行為，那麼之前顯然發生過令人緊張的事件或刺激。

❺能夠把安撫行為和導致行為的特定壓力因子關聯在一起，你就能更加了解對方。

❻在某些情況下，你可以說或做點什麼事，觀察是否讓對方產生壓力（安撫行為的頻率增加了），以便更了解他的想法與意圖。

❼留意進行安撫的身體部位。這點很重要，因為壓力愈大，牽涉到愈多輕撫臉部或頸部的動作。

❽切記，壓力或不安的感覺愈強烈，後續出現安撫動作的可能性就愈高。

安撫動作是評估自在與不安的重要方法，安撫行為對腦緣系統的反應來說，是「配角」，但卻透露許多情緒狀態，以及我們的真實感受。

## 幾百萬年養成的習慣動作

現在你明白了大多數人不知道的資訊：你知道人類有個非常強韌的生存機制，就是**靜止↓逃跑↓奮戰**，同時人類還擁有一個**鎮靜安撫的系統**，可以對付壓力。我們有幸擁有這些機制，不只有助於生存與成就，也可以用來判斷他人的感受與思維。

在本章中我們已經學到，除了特定的反射動作，所有的行為都是由大腦主宰。我們檢視了頭蓋骨裡三個主要腦之中的兩個，包括掌管思考的新大腦皮質層與比較無意識的腦緣系統，也釐清它們的角色有何不同。對於我們想了解非言語行為的目的來說，**腦緣系統是最誠實的腦，負責產生對判斷真實想法與感覺而言最重要的非言語訊號**，因此相形重要。

現在你已經熟知大腦如何反應外在世界的基本原理，你或許會好奇，發現、解讀非言語行為，真的有那麼容易嗎？這是常被問到的問題，答案是：既容易、也不那麼容易。一旦你讀完這本書，有些非言語肢體訊號對你來說，就會變得很明顯，簡直就像在尖聲大叫要人注意。另一方面，肢體語言也有許多層面是更為微妙的，因此你覺得還有很多訊號很難發現。我們將專注探討腦緣系統透過肢體進行的行為，同時探討比較明顯與比較細微的行為。慢慢的透過練習，就能自然而然的譯解這些行為，就好像橫越一條繁忙的街道前會觀察兩邊一樣，練習多了，就會正確判斷狀況。而說到橫越馬路，這讓我們想到腿和腳，你知道腿和腳也會「說話」嗎？這是下一章我們要關注的焦點。

# 第 3 章

# 愛人與賊人的腳與腿最誠實

在第一章中，我要你猜猜身體的哪個部分最誠實、最可能透露一個人真實意圖，因此是最能準確反映對方想法的非言語訊號的身體部位。你或許會覺得很意外，**不過答案就是腳！**沒錯，你的腳，還有你的腿，輕而易舉的「拿」下——應該說「站」上最誠實獎。

接下來我會說明，如何藉由觀察腳和腿的動作，判斷別人的感受與企圖。此外，你也會學到尋找有助於透露桌面下狀況的祕密訊號，即使無法直接觀察到下肢的活動。不過，首先要讓你知道，為什麼「腳」是身體最誠實的部分，如此一來，你就會更加了解為什麼「腳」是判斷別人真實感受與企圖的理想標準了。

## 腳——工程學的鬼斧神工

幾百萬年來，腳和腿一直是人類移動的主要工具，是我們藉以操縱、逃脫與生存的首要工具。打從祖先開始直立行走、橫越非洲大草原起，人類的腳就帶著我們走遍全世界，這是工程學的鬼斧神工，雙腳讓我們得以感覺、行走、轉彎、奔跑、旋轉、平衡、踢、爬、玩、抓、甚至寫。儘管做某些事情的時候不如雙手靈巧，但就像達文西所說，雙腳及其所能發揮的功能，是高度精緻工程學的明證。

動物學家兼作家德斯蒙德·莫里斯（Desmond Morris）觀察到，腳比身體的其他部分更誠實，更能確切傳達我們的想法與感覺。為什麼腳和腿能夠如此精確的反映我們的感受？因為，幾百萬年來，遠在人類開口說話前，腿和腳就能不假思索的對周遭威脅即時反應，像是火熱的沙、逶迤前進的蛇、發怒的獅子等。我們的腦緣系統確定腳和腿能視需要而反應，不管是停止動作、逃跑離開、還是反抗可能的威脅。這套由我們祖先傳承下來的求生體系，一直非常適用因而延續至今。事實上，這些年代久遠的動作依然深植在我們體內，因此當我們面對危險或甚至討厭的事物時，我們的腳和腿還是會像史前時代一樣的反應：首先會靜止，然後試著拉開距離；最後，如果沒有其他方法可選擇了，就會準備奮戰反擊。

## 確保生存而形成的默契

這套靜止→逃跑→奮戰的機制並不需要高階的認知過程，而是反射性的，這項重要的演化發展對個人還有團體都有利。人類得以生存，是因為同時看到威脅並做出同樣反應，或者因為看到別人的警戒動作而跟著做出同樣反應。當團體受到威脅時，無論是否所有人都看到危險，他們都能藉由留意彼此的動作而同步反應。就好像巡邏的士兵會緊緊的盯著前導偵察兵，偵察兵靜止時，他們全都停下來，當他衝到路旁時，他們會尋找掩蔽。當他發動伏擊時，他們也會做出同樣的反應。這些保全性命的相關團體行為，五百萬年來幾乎沒有改變。

這種非言語溝通的能力確保了我們的生存，即使今天人們通常會以衣服遮腿、鞋子藏腳，下肢仍然會做出反應——**不只對威脅和壓力因子，腳還有情緒——負面與正面的情緒**。也就是說，腳和腿會傳達有關我們理解、思考與感覺的資訊。我們會舞蹈、做出上下跳躍的動作，是延伸自百萬年前，人們圓滿完成狩獵後，所展現出歡欣鼓舞的興高采烈。不管是東非馬塞族（Masai）的戰士在原地跳躍或者舞伴們翩翩起舞，無論是在世界的哪個地方，腳和腿都是在表達幸福快樂。我們甚至會在球賽時一起跺腳，好讓我們的球隊知道我們在為他們加油。

這些「足部情感」的種種證據，充斥在我們的日常生活中。例如，觀察小孩還有他們的腳部動作，就能完整了解足部的誠實。小朋友或許坐下來要吃飯，但是如果她想出去玩，會看到她的腳會怎麼搖晃、怎麼樣從高椅子上伸長腳要搆到地板。父母可能會試著要讓她留在原地，可是小女孩的腳會緩緩的離開餐桌下方。她的軀幹或許被父母抓住，但是小朋友會朝著門的方向——精確反映出她想要去的地方——使盡吃奶的力氣扭轉、蠕動腿和腳。這是一種意向性線索，大人在表現這種腦緣系統行為當然會比較克制，但也只是勉強為之而已。

## 從腳到頭，愈來愈不誠實

解讀肢體語言時，大部分的人會從頂端——也就是臉部開始觀察，然後一路向下，不過臉部卻是身體部位中，最常用來愚弄別人或掩飾真正感受的地方。

我的做法正好完全相反。在為FBI進行過幾千次的偵訊後，我學到要先專注在嫌犯的腳和腿，然後向上推進觀察，一直到最後才看臉。說到誠實，**真實性會由腳到頭逐步遞減**。遺憾的是，執法部門過去六十年到現在為止的著作文獻，都著重在偵訊時或判讀他人時的臉部重點。導致判別誠實與否更加困難的是，大部分的偵訊人員允許接受偵訊者將腳與腿隱藏在桌子底下，使得問題更加雪上加霜。

只要想一想，就會發現臉部表情的欺騙本質其來有自。我們用臉說謊，因為那是我們從很小的時候就這麼被教。「不要扮那種鬼臉，」當我們對著擺放在面前的食物做出誠實反應時，父母會這麼大吼。「表兄弟姐妹順道來玩時，至少要看起來高興一點。」他們這麼指示，然後你學會要擠出笑容。我們的父母——還有社會——基本上都在告訴我們，為了社會的和諧，要用我們的臉隱藏、欺騙、還有說謊。所以我們通常都擅長此道，也就不令人意外了，而且擅長到我們會在家庭聚會中戴上一張開心的臉，看起來一副深愛那些親戚的樣子，但其實腦子一直在想著如何催他們快點離開。

想想看。如果我們無法控制臉部表情，那麼「撲克臉」這個詞為什麼會有意義？我們知道怎麼戴上一張「派對臉」（party face），但是很少人會去注意到自己的腳和腿，更別說是別人的了。緊張、壓力、恐懼、焦慮、戒慎、無聊、坐立不安、幸福快樂、高興、傷痛、靦腆、羞怯、謙遜、尷尬、自信、奉承、沮喪、死氣沉沉、玩笑嬉鬧、感官逸樂以及怒氣，都可以透過腳和腿展露無遺。情人間意味深長的碰觸腿部、年輕男孩遇到陌生人時靦腆的腳、生氣的姿勢、即將為人父者緊張的來回踱步，這些全在暗示我們的情緒狀態，而且可以很輕易的立刻觀察到。

**想解讀周遭的世界並準確的詮釋行為，就要觀察腳和腿，在收集非言語情報時，下肢一定要視為整個身體中一個重要的部分。**

## 快樂腳和抖腳不一樣

「快樂腳」（happy feet）就是形容腳和腿高興的搖擺、彈跳。有人突然表現出快樂腳時，尤其動作如果就發生在聽到或看到什麼事情之後，那是因為他們情緒上受到正面的影響。快樂腳是一種高度自信的暗示，顯示一個人覺得自己獲得想要的東西，或者處於一種有利地位，可以從另一個人身上或是周遭的什麼事物上，獲取有價值的東西（見案例一三）。情人久別之後在機場重逢的那一刻，就會出現快樂腳。

不需要看桌面底下，你就能發現快樂腳。只消看看一個人的襯衫或肩膀，腳在搖擺或彈跳，襯衫和肩膀就會震動或上下移動。這些都不是很誇張的動作，相當的細微，如果留心，就能辨識出來。

試著自己做這個小試驗。拿張椅子坐在一面穿衣鏡前，腿開始擺動或墊腳尖彈跳，這麼做的時候，你會看到襯衫或肩膀在移動。至於在觀察別人時，如果沒有從桌面上仔細觀察這些透露下肢行為的祕密訊號，可能就錯過了腳的老實話。將快樂腳當成一種有效的非言語訊號，關鍵在於先注意一個人的足部行為，然後觀察是否出現任何突然變化（見案例一四）。

我提醒兩個重點。首先，就像所有的非言語行為一樣，一定要從整體環境來判斷，快樂腳到底是真正的暗示或只是過度緊張。例如，一個人如果天生就會抖腳（一種「腿部不寧症候群，restless-leg syndrome」，腳不停一跳一跳的），那麼就可能難以分辨究竟是快樂腿，還是日常的神經質表現。不過，如果抖動的速度或強度增加，尤其是在聽到或目擊某事情之後，我也會視之為可能的訊號，暗示此人現在覺得比較自信，而且對於事情現況覺得滿意。

其次，移動腳和腿可能只是表示不耐煩。在我們愈來愈不耐煩，或是覺得必須推動事

## 案例13：快樂腳的愉快生活

不久前，我在電視上看到一場撲克牌比賽。一個人拿到了同花順。在桌面下，他的腳欣喜若狂！又扭又跳又動，但臉上卻不動聲色。桌面上的舉止平靜，但接近地板的地方卻是大大的一陣擺動！可惜其他選手沒看到他肩膀部位的衣服在動，然後就把錢輸給了他。

這位選手知道如何戴上一張完美的撲克臉。但是，說到怎麼表現出最完美的撲克腳，他顯然還有很多要學。所幸對他來說，他的對手就像大多數的人一樣，一輩子都忽略了人體四分之三的部分——從胸膛以下，沒注意到這些地方可以發現重要的非言語暗示。

撲克牌桌並不是唯一可以看到快樂腳的地方。我在許多會議室和幾乎所有的地方都看過。當我在寫這一章時，在機場偶然間聽到坐在我旁邊的一位年輕媽媽，正在用手機和家人談話。起先，她的雙腳平放在地上，但是當兒子接聽電話時，她的腳開始大幅度的上下彈跳。不需要她告訴我她對小孩的感覺，或是小孩在她生命中的優先地位，她的雙腳已經大聲告訴我了。

記住，不管你是在玩牌、做生意、或只是與朋友交談，快樂腳是我們大腦真誠坦率大聲說出「我很開心」最誠實的一種方式。

## 案例14：腳的暗示

茱莉是一家大型企業的人力資源主管，她在上過我的研討課程後，開始注意足部行為。她重返工作崗位幾天後，新學到的知識就派上用場了。

「我負責挑選公司派駐海外的員工，」她說，「當我問一位可能的人選是否願意到國外工作時，她的回應是腿彈跳起來——快樂腿，接著一聲肯定的『願意！』。但是，當我接下來提到目的地是印度孟買，她的腳完全停止動作。注意到她非言語行為的這種變化，於是我問她為什麼不想去那裡。這位人選很震驚表示：『有這麼明顯嗎？我什麼都沒說啊。有人之前跟你說了什麼嗎？』她以吃驚的口氣問我。我告訴她我可以『感覺到』她並不滿意預定的工作地點。『你說的沒錯，』她承認，『我以為會被考慮派到香港，我在那裡有一些朋友。』她顯然不想去印度，而她的腳毫無疑問的流露了她的感覺。」

情的進展時，腳通常會不停抖動或跳動。觀察一整班的學生，同時注意他們的腿和腳在整堂課中抽動、抖動、移動、和踢腿的頻率。這種動作通常隨著課堂愈接近尾聲而增加，這是顯示不耐煩和需要加速事情進度的可靠指標，而不是快樂腳的表示，快樂腳的動作頻率通常不會高於不耐煩腳。

### 我的腳不喜歡你

我們通常會轉向我們喜歡或覺得愉快的事物，

包括我們正在互動的人。事實上，可以利用這項資訊來判斷別人是否高興看到我們，還是希望我們別去煩他。

假設你正要接近兩個正在談話的人。這兩個人你都認識，而且你希望加入討論，所以走上前去說「嗨」。問題是你並不確定他們是不是真的希望你加入。有沒有方法可以知道？有的。注意他們的腳和身軀的行為。如果他們的腳，還有他們的身軀，轉過來接納你，那麼這個歡迎是充分且真誠的。然而，如果他們沒有將腳轉向過來歡迎你，而只是轉動臀部以上來打招呼，那麼他們希望不要被打擾。

我們通常會轉身離開不喜歡或是令我們不開心的事物。法庭行為的研究顯示，當陪審員不喜歡一個證人時，他們的腳會轉向最近的出口。自腰部以上，陪審員會有禮貌的面對著正在陳述的證人，但是會把腳朝向自然的「逃生路線」，諸如，通向走廊或是陪審團室的門。

適用於法庭中陪審員的，也同樣適用於一般人與人之間的互動。從臀部以上，我們會面對正在談話的人，但如果對於談話內容不滿，我們的腳就會轉開，轉向最近的出口。**當一個人將腳轉開時，通常就是一種要脫離的暗號，一種想要疏離目前所處位置的欲望。**當你正在與人談話，而你注意到他漸漸的或突然將腳移開你的方向，這就是你必須思考的資訊了。為什麼會發生這樣的行為？有時候這是一種暗號，表示這個人想走了；也有可能是

## 案例15：揮腳道別

當兩個人對談時，通常是腳尖對腳尖。但是，如果其中一個人略微將腳移開，或者一再將一隻腳朝往外的方向移動，也就是一隻腳朝向你，另外一隻腳離你較遠，兩隻腳形成L字型。你可以確定：他想要離開或去別的地方。這種足部行為是一種意向性線索，顯示這個人的身軀或許出於禮貌上的周到細心，仍然面對著你，但是腳卻誠實的反映出腦緣系統的慾望——想逃（見圖18.）。

不久前，我有一位客戶跟我在一起將近五個小時。當我們晚上要分別時，回顧當天所談論的事情。儘管我們的對話是一樣投入的，但我注意到我的客戶有一條腿與身體呈直角，似乎想要自己飛走。這時候我說：「你現在真的得走了，對吧？」「是的，」他承認：「我很抱歉。我不想表現得沒禮貌，但是我得打電話到倫敦去，而且我只剩五分鐘！」在這個例子中，我客戶的言語之中與大部分的身體，都只表現出正面的感覺。但是他的腳，卻是最誠實的播報器，而且清楚的告訴我，他雖然他很想留下來，只是工作職責在召喚他。

這人再也不想與你共處，或許你說了什麼冒犯的話，或是做了令人討厭的事。移動足部是一種信號，表示想離開（見圖18.），不過，重點是你得根據行為周遭的狀況，推敲出這個人為什麼急著要走（見案例一五）。

## 握膝蓋了，識相點

還有其他腿部意向性動作（intention movements），會表達出意欲離開當前所在位置。注意坐著的人是否將雙手放在膝蓋上，緊握住膝蓋（見圖19.），這是一個非常清楚的訊號，表示他心裡準備要結束會議、離開了。出現這種手在膝蓋上的姿勢之後，通常接著還會看到身軀前傾及／或下半身移到椅子邊緣的行為，這兩者都是意向性動作。當你注意

圖 18.

當對話進行中，一隻腳朝著的方向是偏離對方的，精確的暗示這個人必須離開的方向。這是一種意向性線索。

到這些線索，尤其是來自你的上司時，就該結束你們的互動了。聰明點，不要再拖延。

## 用腳對抗地心引力

我們開心興奮的時候，走起路來好像漂浮在空中似的。這種狀況也會出現在完全被彼此吸引的情人，以及迫不及待要進入主題樂園的小朋友。地心引力似乎對這些興奮的人不管用。這些行為相當明顯，但是每天在我們的四周，抗地心引力的行為卻好像都逃過了我們的觀察。

我們對某件事情感到興奮、或者對處境非常滿意時，通常會有類似踮著腳上下震動、或腳步有點彈跳的方式走路，以對抗地心引力。這又是腦緣系統的非言語行為展現。

有一次我觀察陌生人講行動電話。他聆聽時，原本平放在地上的左腳改變姿勢。腳跟仍維持在地上，但是鞋子的其他部分則往上，腳尖因而朝上翹（見下頁圖20.）。對一般人來說，那樣的行為多半被當成稀鬆平常

圖 19.

緊握膝蓋並移動腳的重心，表示這個人想要起身離開。

而不予重視，或甚至沒看見。但對於受過訓練的觀察者來說，這種對抗地心引力的足部行為，很容易就能解讀出來，表示講電話的這個人剛剛聽到了好消息。果然，我經過他身邊的時候，聽到：「真的嗎？那真是太棒了！」殊不知，他的腳已經先悄悄的公告周遭了。

圖 20.

當腳尖像這張照片一樣朝上時，通常表示這個人心情好，或者正在思考、或聽到好消息。

即使是站著不動，一個正在說故事的人也可能會踮起腳尖，採取一個較高的姿勢，提升自己好強調重點，而且可能會一再重複動作。他這麼做是無意識的，所以這些上抬行為是非常誠實的線索，通常都真實傳達了故事中的情緒。它們會隨著故事進行而即時出現，而且將他的感覺與言詞連結在一起，就像腳會隨著喜歡的歌曲節拍與速度一起動作一樣，腳和腿也會隨著我們所說的愉快事物一起動。

有趣的是，腳和腿對抗地心引力的行為，很少在罹患憂鬱症的人身上看到。**身體會精確的反映出一個人的情緒狀態。因此在興奮的時候，我們通常會看到更多對抗地心引力的行為。**

對抗地心引力的行為有沒有辦法假裝？我想是可以，尤其是真正的好演員以及說謊成性的大騙子，但是一般人完全不知道如何控制腦緣系統行為。當一般人企圖控制腦緣系統反應或是抗地心引力行為時，看起來會很不自然，不是看起來太被動或太拘束，就是不夠自然生動。看起來虛假不真實，是因為手臂舉得不夠久，不夠伸展開來，手肘通常是彎的，呈現了做作不自然的特徵。真正的對抗地心引力行為，通常是反映一個人正面情緒狀態非常可靠的溫度計，而且看起來是純真的。

有一種抗地心引力行為，對敏銳的觀察者非常有幫助，稱為起動者姿勢（starter's position）（見下頁圖21.）。這個動作是一個人將腳從靜止的、平放在地上的位置，轉為預備或「起動者」姿勢，腳跟提高、將重量放在腳掌上。這是一種意向性線索，告訴我們這個人準備好要動身做什麼事，需要用到腳。可能表示這個人想進一步與你接觸、對你感興趣、但也可能是想要離開。就像所有的非言語意向性線索一樣，你得依據當時事件背景以及對這個人的了解，針對接下來的狀況做出最好的判斷。

## 在我地盤這兒

最清楚明顯、也最容易發現的足部行為，就是「宣示領域」（territorial displays）。大部分的哺乳類動物，不只是人類，在緊張或煩亂時、受到威脅或是反過來在威脅別人時，會變得有領域性，他們會展現行為以表示他們試圖恢復控制局面與領域。執法部隊與軍方人員會使用這種行為，因為他們習於掌控局面。有時候，他們會企圖在動作上超越彼此，甚至到了很滑稽的程度，因為每個人都想要把腿張得比同事寬，下意識的企圖占領更大的領域。

**一般人在發現自己陷入衝突局勢時，雙腳和雙腿就會張開，不只是要增加平衡感，也希望占領更多的領域。**仔細的觀察者應該把這視為釋放一個非常強烈的訊息，至少有事情正在醞釀，也有可能會出現真正的麻煩。當兩個人在爭論中對峙時，絕對不會看到當中有人兩腿交叉而失去平衡，腦緣系統不會容許這種情況發生的。

如果看到一個人的雙腳從併在一起轉為張開，你可以很有把握的說，這個人愈來愈不

圖 21.

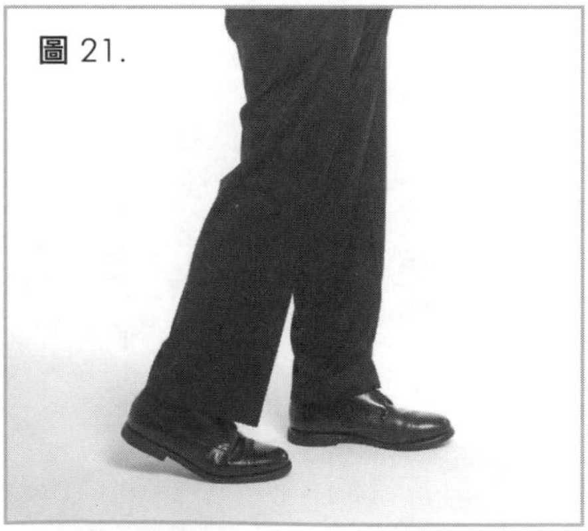

當腳從平放變成「起動者姿勢」時，就是這個人想要走的意向性線索。

高興了。這種支配性的姿勢非常清楚的表示：「事情不對勁，而且我準備動手處理了。」領域性的張腿動作暗示情緒可能爆發，因此，不管是你觀察到還是自己在利用這種非言語行為，都應該提防接下來可能有事要發生。

一般人在爭執擴大時通常會採取腿張得比較開的姿勢，我告訴企業主管以及警界官員，沖淡對抗氣氛的方法之一，就是避免採用這種領域性的展示動作。如果發覺自己在激烈的交鋒中出現張腿姿勢，立刻將雙腿收攏，通常可以降低衝突、減少緊張氣氛。

幾年前，在我主持的一場研討會上，觀眾席的一位女士談到前夫以前在爭吵時，會站在屋子門口雙腿張開，堵住出口，以此威嚇她。這是無法等閒視之的行為，會在視覺上及內心造成影響，可以用來控制、恫嚇、威脅。掠奪者（如精神病患者、反社會人格者）通常會以這種張腿的行為，連同凝視對方眼睛的動作來控制對方，就像一個囚犯曾經告訴我：「在『裡面』，都是看姿勢，怎麼站、看起來怎麼樣，都要注意。你不能看起來軟弱，一刻都不行。」任何可能遇到掠奪者的地方，人都應該會充分意識到自己的姿勢與樣子。

當然，有時候張腿可以展現優勢，特別是當你有正當理由，想要建立權威並掌控其他人時。我曾經指導過女性警官，執勤遇到不守規矩的群眾時，要利用這種張腿的動作，建立比較具攻擊性的姿態。雙腳併攏站著看起來比較溫順，會給對抗者發出錯誤的暗示。雙腿打開，女警可以採取一種比較優勢、「我掌握一切」的姿勢，看起來比較權威，有助於她們更有效控制那些不守規矩的人。也許你想對十幾歲的兒子強調你反對他吸菸，但不想提高音量，不如採用領域性的展現方式。

## 地盤愈大、自信愈強

說到張腿與宣示領域，我們一定要認識艾德華·霍爾（Edward Hall），他研究人類與其他動物對空間的利用，提出所謂的領土意念（territorial imperative），解釋了人類對空間的需求，他把自己的研究稱為人際距離學（proxemics，或稱空間關係學）。

霍爾發現，如果社經地位或權力位階愈占優勢，就需要愈大領域。**會在日常活動占領較多空間（地盤）的人，通常也比較有自信、有把握**，當然社會地位也可能比較高。這種現象在人類歷史及文化中俯拾皆是，事實上，征服者在抵達新世界時就見識過了。一到陸地，他們就在美洲原住民身上看到領域性展示行為，與他們在伊莎貝拉女王宮廷中所看到的如出一轍；要知道，皇室威權在舉世各國皆然，可以要求並獲得更大的空間。

執行長、董事長、以及高階人士可以占領較大的空間，對其他人來說，「多點空間」不是件容易的事。不過，人都會非常保護自己的個人空間，無論大小。我們不喜歡別人站得太靠近。艾德華·霍爾研究發現，每個人都有「人際距離」的空間需求，這種需求源自於個人及文化，當別人侵犯了這個空間，我們會有顯示壓力的強烈腦緣系統反應。個人空間遭侵犯會導致我們變得超乎尋常的警覺；脈搏加快，而且可能臉部漲紅。只要想想當有人靠得太近時你有什麼感覺，不管是在擁擠的電梯，還是當你在自動櫃員機前進行交易時。經我這麼一說，下次有人站得靠你太近，或者你侵犯到別人的空間時，你就能特別知道可能激起什麼負面腦緣系統反應。

## 交叉腿代表我喜歡妳

仔細觀察腿和腳，有助於讓你判斷與他人相處時，你和對方的自在程度。交叉腿（leg crossing）是判斷我們與他人相處時自在程度的精準指標；如果我們覺得不安，就不會這麼做（見圖22.）。信心也是自在的一部分，當我們自信時，也會在別人面前將腿交叉。為什麼這種下肢行為如此誠實且具啟發作用呢？

當你站立時，將一條腿橫跨在另一條腿前面，會大幅降低平衡感。以人身安全的角度來看，萬一出現威脅，既沒有辦法輕易的原地靜止不動，也沒辦法

圖 22.

我們覺得自在時常會將腿交叉，通常會靠在牆上或桌上。某個我們不喜歡的人突然出現，會讓我們將腿回歸原位。

逃開，因為這種姿勢基本上是以一隻腳做平衡的。有鑑於此，腦緣系統只有在我們覺得自在或自信的時候，才會讓我們表現出這種行為。如果一個人雙腿交叉獨自站在電梯裡，一旦有個陌生人走進電梯裡，她會立刻將交叉的雙腿分開，然後雙腳穩穩的站在地板上。這個訊號就是腦緣系統在說：「你不能冒險；你可能現在就得處理潛在的威脅或問題，所以，把雙腳牢牢的放在地上！」

當我看到兩位同事在對談時兩人都雙腿交叉，我就知道他們彼此都覺得自在。首先，這顯示出兩人之間一種行為反映（mirroring of behaviors，擬態的自在訊號之一）；其次，是因為雙腿交叉呈現出一種高度的自在（見圖23.）。交叉腿的非言語信號可以用在人際關係當中，讓對方知道你們兩人之間氣氛良好，你和他相處時甚至可以完全放鬆（腦緣系統使然）。也就是說，交叉腿成了傳達良好感受的一種絕佳方式。

我不久前參加在佛羅里達州科勒爾蓋布爾斯（Coral Gables）的一場宴會，被引見給兩位女士，兩人的年紀大約六十出頭。在介紹時，其中一位女士忽然將腿交叉，變成以一條腿支撐而傾身靠向她的朋友，於是我說：「兩位一定認識很久了。」她們的眼睛和臉都亮了起來，其中一人問我怎麼知道？我說：「雖然你們是第一次看到我這個陌生人，其中一人卻將腿交叉而偏向另一人。這是非常罕見的，除非你們是真心喜歡且信賴彼此。」她們兩人咯咯的笑起來，其中一人問：「你會讀心術嗎？」我笑著回答說：「不會。」但我解釋什麼舉動透露出她們的交情匪淺之後，其中一位女士證實，她們打從四〇年代在古巴唸小學時就已經認識了；再次證明交叉腿是人類感受的精確指標。

**交叉腿有個有趣的特色：我們通常會對最喜歡的人無意識的做出這個動作。**換句話說，我們會在交叉雙腿的時候傾身靠向我們偏愛的人。在家庭聚會時可以藉此透露一些有趣的祕密訊息，在有好幾個小孩的家庭中，不難看到父母親其中一人會將雙腿交叉、使得身體靠向他們偏愛的小孩，透露出他們對這個小孩的喜愛超過其他小孩。

圖 23.

當兩個人在交談時，雙方都將腿交叉，這顯示他們彼此相處非常自在。

要留意的是，罪犯圖謀不軌時，看到警察經過，有時候會將身體斜靠在牆壁上並將腿交叉，假裝若無其事。但因為這種行為正好與腦緣系統所感受到的威脅相反，因此罪犯通常無法維持這種行為太久，一會兒就會換個姿勢或起身。有經驗的巡警馬上就看出這些人在裝腔作勢，不是真的氣定神閒，但對於辦案經歷不豐富的人來說，他們可能看起來沒有傷害性。

## 耳鬢廝磨，不如腳腿碰觸

在高度自在的社交互動中，我們的腳和腿會像鏡子般反映共處者的行為（稱之為擬態，isopraxis），還會輕鬆嬉鬧。**在戀愛到了極度自在的階段，腳也會透過細膩的足部碰觸或是撫摸而與對方接觸**（見案例一六）。

戀愛時，尤其是坐著的時候，女性若覺得與伴侶在一起很自在，通常會將鞋子懸在腳趾頭上而擺盪起來。但是，一旦這位女士突然覺得不安，這種行為就會馬上停止。追求者可以根據這種「盪鞋子」的行為，非常清楚的判斷情勢。假設，一靠近一位女性或與她交談一會兒後，她就停止盪鞋子，將鞋穿回腳上，特別是接著如果又稍稍轉身偏離這位追求者，甚至開始拿包包，那麼以棒球的術語來說，這位追求者很有可能被三振出局了。話說回來，即使女性沒有用腳碰觸追求者，這種用腳擺盪鞋子就是一種動作，而動作會吸引注意，這種非言語行為就是在說：「注意我。」這與靜止反應恰好相反，而且是定向反射（orienting reflex）的一部分——也就是本能的會吸引我們靠近喜歡或渴望的物與人，而遠離我們不喜歡、不信任、或不確定的事物。

就座時的蹺腳動作也能透露些訊息。當一般人肩並肩坐著時，蹺腳的方向就很重要。如果他們的關係良好，蹺在上方的腿會指向對方。當兩個人坐很近時，如果一個人不喜歡同伴提起的話題，他就會改變腿的位置，而讓大腿變成一道障礙（見圖24.、25.）。這種阻擋行為是腦緣系統保護我們的另外一個耐人尋味例子。如果雙方坐與翹腿的方式一致，就表示關係和諧。

## 如何和陌生人握手？

曾經想過你給別人留下什麼樣的第一印象嗎？他們是一開始就喜歡你，還是有些爭執正在醞釀？找出答案的一種方法就是「握握手，等一等」。告訴你怎麼做。

與人初次見面時，觀察腳和腿的行為特別重要，這可以透露很多對方對你的感覺。就個人經驗來說，當我初次與人見面時，通常會傾身向前，和這個人熱誠的握手（視當時環境的文化禮節而定）、確實做到眼神接觸、然後往後踏一步回來，再看看接下來的情況。有可能會發生三種反應：一、這個人留在原地不動，這樣我就知道他覺得這樣的距離比較自在；二、對方會退後一步或是略為轉開，我就曉得他或她需要更多的空間，或者想到別的地方；或者三、這個人竟然往前一步更靠近我，這就表示他或她對我感到自在，或者喜

## 案例16：浪漫的腳趾廝磨

我在洛杉磯給一位在電視圈工作的客戶做非言語溝通訓練。他很客氣，請我到他家附近、一家很受歡迎的墨西哥餐廳吃晚飯。在餐廳時，他繼續實習如何判讀肢體語言，他要我看看坐在附近的一對情侶。他問：「你看他們，你認為他們相處融洽嗎？」我們觀察這兩位客人，注意到他們起先是身體靠向彼此，但隨著晚餐與對話進行，兩人都靠到椅背上而遠離彼此，也沒有說什麼話。我的客戶認為兩人之間關係變糟了。

我說：「不要只看桌面以上，也要看看桌面以下。」因為沒有桌布或其他障礙物阻擋桌子的下方。「注意他們兩人的腳靠得多近，」我提醒。如果他們關係不睦，腳不會靠得那麼近，腦緣系統不會容許的。我要他專注看這對情侶的腳，他們的腳不時會彼此碰觸或輕輕摩擦，而且兩個人的腿都不會縮回。「這個行為很重要，」我說明。「這表示他們仍然覺得彼此相繫在一起。」當這對情侶起身離去時，男士將手環著女士的腰，一言不發的走出去。非言語已經道盡一切，即使他們沒心情聊天。

為什麼在餐桌下或游泳池裡，有這麼多腿部的碰觸與調情動作？這可能和兩種現象有關。第一，當我們的身體有部分不被人看見，例如在桌子底下、在水面下、或在遮蔽物之下，似乎就覺得自己不會被注意到，至少也不在旁人觀察範圍內。我們都看過人在公共泳池的行為，有些表現得宛若在個人泳池一樣放肆。第二，我們的腳含有大量的感覺接收體，通到腦中一個區域——接近記錄生殖器的感覺。一般人會在桌面下碰腳調情，是因為感覺愉悅而且非常能夠激起慾望。相反的，當我們不喜歡某個人或覺得不親密，萬一在桌面下不小心碰觸到，我們會立刻把腳移開。當一段關係變淡時，情侶們常常會忽視一個非常清楚的訊號，就是任何腳的碰觸行為都會漸漸減少。

歡我。我不會因為對方的行為而生氣，只是利用這個機會了解他對我到底有什麼感覺。

記住，腳是身體最誠實的部分。如果一個人需要更多的空間，那我就給；如果對方覺得自在，我就不用擔心要處理距離靠近的問題。如果對方向我靠近一步，我知道他們覺得靠近我會比較自在。這在任何社交場景都是有用的資訊，但也要記住，你也應該設定出讓你自己覺得自在的空間界限。

## 走路方式

說到腳和腿，如果沒有提到不同走路方式所透露出的非言語線索，那我就太粗心大意了。根據德斯蒙德．莫里斯的研究，科學家辨識出大約四十種不同的走路方式。如果這個數字看起來好像很多，那麼回想一下你有多少次從背後就認出朋友，哪種步伐型態讓你一眼就看出他的心情。每個人都有獨特的走路方式，而且人格特質有部分就

照片中男人右腿擺放的方式，讓膝蓋變成他與女士之間的一道障礙。

圖 24.

照片中男人放置腿的方式讓膝蓋遠離，移除掉他與女士之間的障礙。

圖 25.

透過步伐型態顯露出來，走路的方式通常會反映出我們的情緒與態度。不知所措時，可能故意步履輕快或是慢條斯理。我們也可能會溜達、漫步、閒逛、步伐沉重、步履蹣跚、跛行、曳步緩行、徘徊、忙亂奔行、正步前進、散步、踮腳走、昂首闊步等，這還只是部分已知的走路方式。

對於觀察非言語行為的人來說，走路方式之所以重要，是因為**正常走路的方式如果改變，可以反映出一個人的想法與情緒變化**。一個通常開心且喜歡跟人相處的人，在聽到心愛的人發生意外時，走路方式可能會突然改變。壞消息或悲慘的消息，會導致一個人在絕望之下衝出室外，或者可能導致這個人沉著冷靜的踏步出去，好像全世界的重量都壓在他肩上。

走路方式改變是重要的非言語行為，因為這是在警告我們可能出了什麼差錯、可能潛藏著什麼問題、情況可能有所轉變，簡言之，可能已經發生了重要大事了。變化，告訴我們應該去評估這個人的步伐為什麼突然改變，這類資訊通常可以幫助我們在接下來的互動中，更有效的與這個人應對。步伐，可以幫助我們察覺出一個人在無意間所透露的事情（見案例一七）。

如果你正在面對一個與你互動或合作的人，那麼對方的腳和你的腳應該會像鏡子反射對照一樣。然而，**如果對方的腳指向其他地方，身體卻是面朝你，你就應該問問自己為什**

**麼了。**儘管身體朝向你，但這並不是一個真正合作的姿態，這樣的姿勢反映出這個人不是必須離開、就是立刻要逃、對於討論中的事情漠不關心、不願意進一步協助、或者對於所說的內容缺乏參與感。留意一下，當我們在街上遇到不太認識的人接近我們時，我們通常會將臀部以上的身體轉向對方，但是腳仍舊朝著原本行進的方向。我們所散發出的訊息，就是禮貌上我會暫時給予注意，但就個人來

### 案例17：路邊犯罪的跡象

罪犯常常不知道自己洩漏了多少訊息。我在紐約市工作時，其他探員和我經常觀察到，街道上的意圖掠奪者會試圖混在人群中。但是，他們露餡的原因之一，就是他們通常走在人行道的內側，在毫無目的的瀏覽櫥窗時，習慣性的改變走路速度。大多數的人都有個目的地或有事情要做，因此他們走起路來是有目標的。意圖掠奪者，包括強盜、毒販、小偷、騙子，埋伏著等待下一個受害者，因此他們的姿態與速度不同。在準備出擊之前，他們的漫遊是沒有目標方向的。當掠奪者朝你走來，不管是乞丐還是強盜，你所察覺到的不安是因為腦緣系統推估計算後，以設法要你避免成為下一個目標。

因此，下次身處大都市裡時，要留意掠奪者，如果看到本來漫無目的閒晃的人突然朝你筆直走來，要小心！最好盡速離開！即使只是覺得好像有事情會發生，還是要聽從你內心的聲音。

說，我要繼續前進或要溜了。

## 合作的臉，不合作的腳

這些年來，我在國內外為海關關員進行訓練。我要他們觀察在海關通關或申報時，旅客是否身體朝向關員但腳卻朝著出口（見圖26.）。雖然他們可能只是急著要趕飛機，但是這種行為應該要引起關員的疑心。我們在研究中發現，很肯定的說出類似「我沒有東西要申報」、但是腳卻移向其他地方的人，很可能是要隱瞞某些他們應該要申報的東西。基本上，他們的臉是很和善的、說的話是肯定的，但是他們的腳洩漏了他們其實沒那麼合作。

圖 26.

當一個人和你交談，腳卻指向別的地方，就清楚顯示這個人希望身在別的地方。觀察那些以這種姿勢在做正式聲明的人，這是拉開距離的一種態勢。

## 抖腳變成踢、踢、踢

腿部抽動或移動是很正常的，有些人老是會出現這種動作，有些人卻都不會。這並不代表在說謊——有些人有這種錯誤的認知——因為誠實和不誠實的人都會腳部抽動或抖腳，關鍵在於這類行為何時開始或改變。例如，多年前芭芭拉．華特絲（Barbara Walters）曾在奧斯卡頒獎典禮前訪問被提名人金．貝辛格（Kim Basinger）。在整段訪問中，金．貝辛格的手腳一直在抖動，看起來似乎很緊張。當華特絲開始問起一些財務困難的問題，以及她與當時的丈夫所進行一項有問題的投資時，金貝辛格的腳從輕輕搖動變成往前踢、踢。動作瞬間出現而且非常明顯。這並不表示她在說謊或打算說謊，但很明顯是對負面刺激（被問到的問題）油然而生出自然反應，反映出她對問題的輕蔑。

**每當一個坐著的人出現由抖腳轉變成踢腳時，根據**

圖 27.

當一隻腳突然開始踢了起來，通常是表示不安的明顯指標。受訪者一被問到不喜歡的問題時，就會看到這種動作。

**庫利斯博士（Dr. Joe Kulis）的說法，這是一個非常清楚的指標，顯示這個人看到或聽到不好的事情，而且覺得不開心（見圖27.）。**雖然抖腳有可能是緊張的表現，踢腳卻是下意識對抗令人不快之事的行為。這種行為的奇妙之處在於它是不自覺的，而且多數人甚至沒有意識到自己在做這個動作。

你可以善加利用這種非言語的肢體訊號，設計一些會引發這種踢腳反應或任何其他非言語行為巨大改變的問題，來判斷究竟是哪個問題讓受訪者感到比較棘手。如此一來，即使是祕而不宣的事實，也可能藉此而引導出來，無論受訪者有沒有回答問題（見案例一八）。

## 抖腳與靜止腳

如果一個人的腳或腿不停的擺動或彈跳，卻突然停止，你就要注意了。這通常表示受到壓力、情緒上的轉變、或者覺得受威脅。想想看，為什麼這個人的腦緣系統會啟動他們的生存本能而進入「靜止」模式？也許提到或問到什麼，可能使得某件事情曝光，而這是對方不希望你知道的。也可能這個人做了什麼，怕被你發現。靜止的腳是另一個腦緣系統在控制反應的例子，也就是在面臨危險時，會本能的停止活動。

### 案例18：顧左右而言他

我清楚記得曾經偵訊過一位女士，她被認為是一起重大刑案的目擊者。幾小時的訊問一無所獲，非常令人挫折且厭煩。受訪者沒有顯露出值得注意的行為；但是，我注意到她一直在抖腳。因為次數相當頻繁，所以這種動作沒有什麼意義，一直到我問一個問題：「你認識克萊德嗎？」一聽到這個問題，即使她口頭上沒有回答，腳卻從抖動變成大幅度上下的踢腳動作。這是個重要的線索，表示這個名字對她具有負面影響。進一步偵訊後，她後來承認「克萊德」從德國基地竊取政府文件，而此案她牽扯在內。她的踢腿反應對我們來說是重要線索，表示有需要進一步探究，而且最後她的供詞證實我們的懷疑是正確的。諷刺的是，這種無意識出賣自己的行為，會讓她很想踢自己一腳，因為最後她得因此在聯邦監獄裡待上25年。

## 雙腳交扣的公主坐姿

當一個人突然將腳趾轉向內或是雙腳交扣，這是他覺得沒有把握、焦慮、覺得被威脅的訊號。在偵訊刑案嫌犯時，我通常都注意到他們在壓力下，會將雙腳和腳踝相扣。許多人，特別是女性，被教導要這麼坐，尤其是穿裙子的時候（見圖28.）。但是，這麼將腳踝交扣，尤其是持續一段長時間，是不自然而且應該要對此感到懷疑的，特別是男性有這種行為時。

## 案例19：雙重靜止

你應該時時注意那些指向同一種結論的多重暗示（暗示訊號群）。這些訊號會提高你做出正確結論的可能性。在扣腳的情況中，觀察將腳繞著椅腳固定住的人，是否還會將手沿著大腿褲子的地方移動，好像用褲子把手擦乾似的。扣腳是種靜止反應，而摩擦腿是一種安撫行為，兩者加在一起，就更可能表示這個人已經露餡了；他擔心做過的某件事情會被發現，而且他因此而承受壓力。

腳踝交扣同樣也是腦緣系統在面臨威脅時做出的靜止反應之一。有經驗的非言語行為觀察者都會注意到，說謊的人通常在偵訊時不會移動雙腳，看似靜止不動，或者會將雙腳交扣以克制任何動作。這符合研究所顯示的，一般人在說謊時通常會壓抑手臂和腿的動作。說到這點，我希望提醒你，沒有動作這件事本身並不代表欺騙，而是表示自制與謹慎，兩者都是緊張與說謊的人用來舒緩不安的方式。

有些人會更進一步的展現雙腳或足踝交扣的行為；他們將腳繞著椅腳的地方固定住（見圖29.）。這是一種抑制性（靜止）行為，再一次告訴我們有什麼事情讓這個人困擾（見案例一九）。

有時候一個人企圖將腳整個隱藏起來，這也是緊張的暗示。當你在跟一個人說話時，留意對方是否會將雙腳從椅子的前方移到椅子的下方。目前還沒有科學研究記載我接下來要說的內容。不過，這些年來，我觀察到每當問到一個具有高度壓力的問題時，被告通常會將雙腳收回到椅子下面，這可以視為一種拉開距離的反應，並試圖將暴露在外的身體部分降到最低。這個線索可以用來凸顯出對特定問題的不安感受，而且有助於指引調查方向。在觀察者留意監視下，受訪者會透過雙腳和雙腿，告訴你他不希望說出來的事。當題目改變而且比較沒那麼緊張時，腳就會再次伸出、舒展，表示不再討論緊張的題目，腦緣系統也如釋重負。

圖 28.

突然將雙腿交扣可能表示不安或心神不寧。一般人在感到自在時，通常會將腳踝打開。

因為在人類演化中直接關係到生死存亡，因此雙腳和雙腿是身體最誠實的部分。我們的下肢提供最準確、毫無保留的資訊給機警的觀察者，巧妙運用這些資訊，可以幫助你更善於判讀

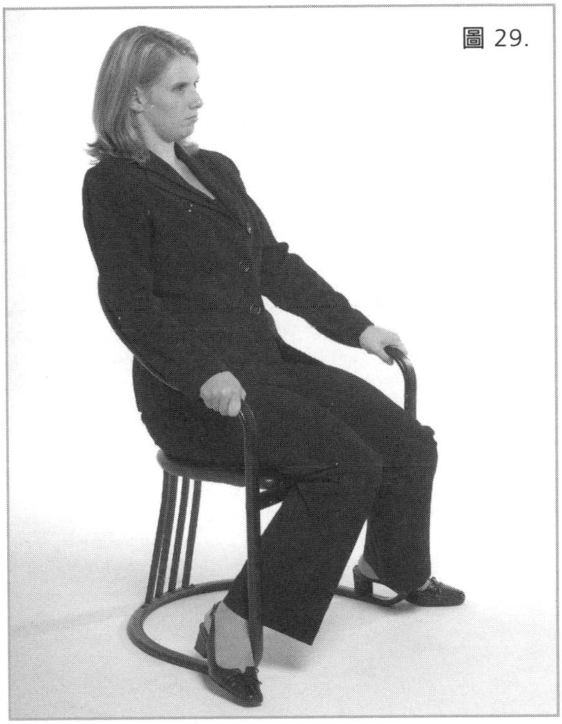
圖 29.

突然將腳踝繞著椅腳固定住是靜止反應的一種，代表不安、焦慮或憂心。

他人。綜合你對腳與腿的非言語知識，加上身體其他部分的訊號，你就更能夠了解別人的想法、感覺與企圖。因此，接著我們要將焦點轉到身體的其他部分。下一站，人體的軀幹。

第 4 章

# 被忽視的心情布告欄——軀幹

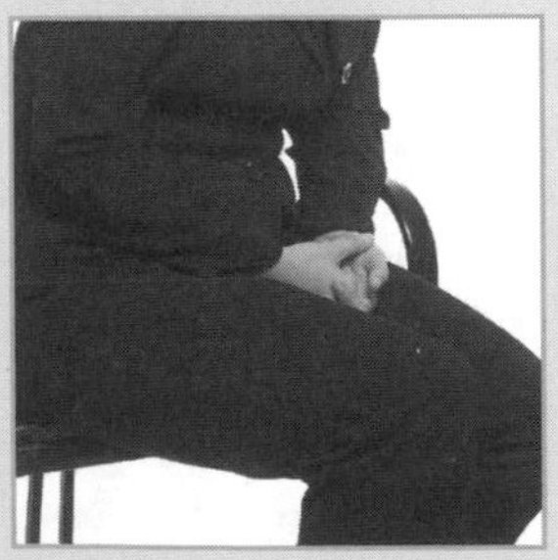

軀幹含括臀部、腹部、胸膛與肩膀，也統稱為身軀。就像腿和腳一樣，許多軀幹行為反映了情緒大腦（腦緣系統）的真實感受。因為軀幹裡面有許多重要的內臟，如心、肺、肝、與消化道，我們可以預期在遭到威脅或挑戰時，大腦會想方設法極盡所能的保護這個部位。在面臨危險時，無論是真的發生或只是意識到，大腦會要求身體的其他部分來保衛這些重要器官，有細微的方法、也有明顯的。這一章我們要看看一些比較常見的軀幹非言語訊號。

## 軀幹的傾斜角度

和身體的大多數地方一樣，軀幹察覺到危險時的反應，也是設法拉開距離。例如，當一個物體朝我們丟來，腦緣系統會傳送訊號，要軀幹立刻遠離威脅，無論該物體的本質是什麼，不管是一顆棒球還是一輛行駛中的汽車，通常都會這樣反應。我們意識到，物體朝著我的方向有動靜，要拉開距離。

同樣的，當一個人站在他非常討厭的人、或是不喜歡的人旁邊，他的軀幹會傾斜、遠離那個人（見案例二〇）。因為軀幹承載身體大部分的重量，這重量會傳送到下肢，身體若要調整方向，需要力量與平衡。因此，當一個人的軀幹傾斜離開某件事物，那是因為大

## 案例20：車廂裡頭占地盤

多年前我在FBI的紐約辦公室駐點。任職期間，有無數機會搭乘火車和地鐵進出紐約。沒多久，我就發現許多在大眾運輸工具上用來占地盤的不同手法。好比說，總是有人會在座位上放任身體搖來搖去，壓迫到別人；不然就是拉著吊環時，手臂會不時猛烈的揮動。這些人的周遭總是擁有比較多的空間，因為沒有人想要靠近他。當被迫坐或站在這些怪人旁邊時，一般人的軀幹總會盡可能遠離，以免接觸到他們。你一定要搭過擁擠的地鐵（捷運）才能夠體會這點。我相信有些乘客是故意行為怪異，或是誇大肢體動作，好讓別人保持距離，遠離他們的軀幹。

腦下令要求，於是我們可以信賴這些反應的真實度。要維持這種傾斜姿勢需要更多力氣，你試試看刻意維持不平衡的姿勢，不管是彎腰鞠躬還是身體傾斜，你會發現身體很快就累了。不過，當這種不平衡的行為是大腦下意識的判斷出必要性而表現出來，你就幾乎不會感覺到或注意到自己姿勢變了。

**我們不只會傾斜以偏離讓我們覺得不安的人，也會偏身（略為轉身）轉離不合我們意或是變得厭惡的事物。**

在華府納粹大屠殺紀念館（Holocaust Museum）開幕後不久，我帶女兒去參觀，那已成旅客去華府的必到景點。當我們信步參觀那些令人難忘的展示品時，我注意到大家是怎麼接近陳列品的：有些人直走上前，傾身靠近還試著專心觀察每個細節；有些人躊躇的走過去；還有些人則是靠上前去，接著就緩慢而略微的轉過身來，因為納粹政權的殘虐無道超過他們感官的承受度。有些人震懾於目擊到的惡行，一百八十度轉身面向另外一面，等他們的朋友仔細看完展示。他們的大腦在說：「我沒辦法處理這個，」所以他們的身體轉開來。人類演化的程度已經到了不僅在實際接近不喜歡的人時，會讓我們側身離開，讓人不舒服的影像，好比照片，也會導致軀幹傾斜遠離。

要仔細觀察人類行為，你必須知道一點：疏離的行為有時候會出現得很突然、或者很細微，僅只是輕微調整身體角度，就足以表達負面的感受。例如，一對情感上漸行漸遠的夫妻，身體也會開始愈分愈開。他們的手不再那麼常碰觸，軀幹也會彼此迴避。當肩並肩的坐著時，他們會傾斜身體相互避開。兩人會在彼此之間創造無聲的空間，而當他們被迫比鄰而坐時，比方坐在汽車的後座，他們會轉頭面對對方，但身體卻不會跟著側轉。

## 用腹面抗拒或接納

這些反映腦緣系統疏遠與迴避需求的軀幹行為，當然是顯示真實感受的極佳指標。在一段關係中，有一個人覺得情況不太對勁，他或她很可能會察覺到伴侶在身體上有程度非常細微的疏遠。這種疏遠可能會以我稱之為腹面抗拒（ventral denial）的形式出現。

我們的腹面（軀幹正面），是我們的眼睛、嘴巴、胸膛、胸脯、生殖器官等所在之處，對於我們的好惡非常敏感。當情況良好時，我們會朝喜愛的一方——包括那些讓我們感覺美好的人——暴露出腹面。當情況不對時、關係有變化、或甚至討論的話題是我們不喜歡的，我們就會採取腹面抗拒——移動或偏身轉開。腹面是身體最脆弱的部分，因此腦緣系統天生就要保護腹面。就是這個原因，如果在宴會上有個不喜歡的人靠近時，我們會馬上無意識的將身體略微偏轉到一側。談戀愛的時候，腹面抗拒的行為增加，就是這段關係陷入膠著的最佳指標。

除了視覺，腦緣系統在我們聽到不悅的談話時也會有反應。觀看電視上的談話性節目時把聲音關掉，然後注意來賓們在提出相反論點時，身體是怎樣傾斜拉開彼此的。不久前，我在看共和黨的總統選舉辯論，注意到即使候選人分得很開，但是當提到他們不同意的議題時，還是會傾身拉開彼此。

腹面抗拒的相反是腹面坦露或腹面相對（ventral fronting）。我們對喜愛的人事物會展現腹面，就像孩子朝我們跑來要求抱抱時，我們會移開腹面前的任何物體，甚至是我們的手臂，這樣才能讓他們接觸到我們的腹面。我們以腹面相迎，因為這是人類覺得最溫暖、最舒適的地方。我們用「背離」這個詞來表達對某些人或事的否定，因為我們會對自己在乎的人展現腹面，而背對不喜歡的人。

同樣的，我們會將軀幹和肩膀朝向所喜愛的事物傾斜，以表達安適的感覺。在課堂或演講會上，不難看到學生身體朝向喜愛的老師，卻沒有察覺自己向前傾到幾乎快離開椅子了，只為了不漏聽一字一句。電影《法櫃奇兵》（*Raiders of the Lost Ark*）其中一幕就讓我印象深刻，細心的導演安排學生們身體前傾，聆聽教授說話，以非言語行為凸顯學生多麼仰慕英雄教授。

你也會看到戀人們身體斜過咖啡桌，臉靠得非常近，以便能有更多親密的視線接觸。戀人們還會以腹面朝向彼此，暴露自己最脆弱的部分，這是腦緣系統自然發展出來的反應，有利於社交。當我們喜歡某個人或某件事時，藉由靠得更近並暴露腹面（最脆弱的）部分，顯示出自己以一種沒有保留的態度付出。鏡射反映相同的姿態，或稱擬態，就是回報對等的親密性，以示感謝，展現出社交性的和諧。

軀幹的非言語行為，如身體傾斜、疏遠、以及腹面的相對或抗拒，在會議室與其他集會中時時可見。觀點相近的同事會緊鄰而坐，要不就是以腹面面對彼此，而且會相互靠近。意見不同時，他們會保持身體挺直，避免腹面相對（除非遭挑釁），而且很可能會傾斜身體彼此遠離（見圖30.、31.）。這種行為無意間告訴了別人：「我不同意你的看法。」但就像所有的非言語一樣，這些動作必須放在整個背景脈絡來分析，例如，剛報到新工作的人開會時可能看起來拘謹生硬，這並不反映當事人的厭惡或看法不同，這種僵硬的姿勢

圖 30.

一般人在高度自在或意見一致時，身體會朝彼此前傾。這種鏡射反映或擬態行為從我們嬰兒時期就開始了。

圖 31.

我們會傾斜身體遠離不喜歡的人或物，甚至在同事說了我們不同意的話時，也會這麼做。

與手臂活動不多，可能只是代表他們在新環境感到緊張。

我們不只可以用這項資訊來判讀別人的肢體語言，也必須隨時謹記，我們自己也在投射非言語行為。在談話或會議中，隨著資訊與意見流轉，我們對於消息及觀點的感覺也會流轉，而且會反映在我們不斷變化的非言語行為當中。如果在這一分鐘聽到令人不悅的消息，而下一分鐘又聽到開心的消息，我們的身體也會流露出情感的轉變。

想讓別人知道你同意他、或者認真思索他的話，一種非常有效的方法就是身體朝他傾斜，或者以腹面對著他們。當你在會議中卻沒有機會開口時，這種手法尤其有效。

## 替身軀找個屏障

如果我們無法以傾斜身體遠離我們不喜歡的人或事，或是社交禮儀認定不宜這麼做，我們通常會下意識的用手臂或其他物體當作屏障（見圖32.）。衣著或者身邊的物體（見案例二一），也都可以達到同樣的目的。例如，一位商人在與一個讓他覺得不自在的人談話時，可能會突然扣上上衣的釦子，談話一結束，又馬上鬆開上衣。

當然，扣住上衣鈕釦不見得就表示不安，通常男性都會把襯衫衣領扣上，以配合正式場合，或是表示對上司的尊敬，這並不是烤肉晚會上看到的那種全然自在，但也不表示擔心不安，純粹因為背景環境不同。

圖 32.

在談話中突然將手臂交叉，可能表示不安。

衣著以及我們打理衣服的方式，會影響觀感，甚至會給別人一種暗示：我的可親近性及開放程度。我有個印象，覺得總統通常會穿著馬球衫到大衛營，去做一些他在四十英哩外的白宮、穿著西裝時似乎不可能做的事。總統此時會把腹面露出來，也就是脫掉外套，像是在說：「我對你坦然開放。」總統候選人在造勢大會上脫掉夾克——這好像他們卸下盔甲，然後捲起袖子，出現在平民百姓面前時，也是在釋放出「坦然」的非言語訊息。

女性比男性更常遮蓋軀幹部分，特別是在她們覺得不安全、緊張或警戒的時候。女性可能會在胃部上方、胸部下方交叉手臂，試圖保護軀幹並安撫自己。她也可能會將一隻手臂橫過身體正面、抓住另外一隻手的手肘，在胸前形成一道屏障。兩種行為都是下意識的要保護與隔絕，特別是在令人不安的社交場合。

### 案例21：拿掉靠墊，突破心防

當看到有人突然保護起他們的軀幹時，可以假定這人覺得不安，而且察覺到自己身在某種威脅或危險的處境。

1992年在FBI任職期間，我在波士頓地區的一家飯店房間裡偵訊一個年輕人和他的父親。這個父親很勉強的同意帶年輕人過來接受偵訊。坐在飯店的沙發上時，這個年輕人手裡抓著一個沙發靠墊，而且在3小時的偵訊中，大部分的時間都把靠墊緊貼著胸膛。儘管他的父親在場，這個年輕人還是覺得脆弱不安，因此需要緊緊的抓住一個屏障。儘管這屏障只是一個靠墊，但是對這個人肯定非常有用，因為偵訊始終不得要領。

我發現，很明顯的，當話題中性時，例如我們談到他參與的體育活動時，他就會把靠墊放到一邊。但是，一談到他可能是重大刑案的共謀時，他又會把靠墊拿回來緊緊的靠近軀幹。很顯然這問題會讓他的腦緣系統覺得有必要保護軀幹。他在這次會面中沒有透露任何訊息，但是下一次他被偵訊時，那個具有安撫功能的靠墊神奇的消失了！於是，他被攻破心防。

在校園裡，我常會看到女性在走進教室時，將筆記本抱在胸前，尤其是剛開始的幾天；等到自在程度升高後，筆記本的位置就會轉到身體兩側。在考試期間，這種保護胸部的行為通常會增加，即使是男學生也一樣。女性還會用背包、公事包或皮包來防禦自己，特別是一人獨坐的時候。就像你在看電視的時候可能會拉條毯子過來，在軀幹正面放點東西保護兼撫慰自己。我們拉過來靠近自己的物體、特別放在身體正面的物體，通常是用來提供當下所需要的安適感。無論是哪種情況，**當看到有人馬上保護起他們的軀幹時，可以視為他們在表達不安的精準指標**。你要做的是謹慎評估情勢、探知不安的來源。

男性也會無意識的保護自己的軀幹，但是方式比較隱晦。男性可能會將手臂舉起到身體正面來把玩手錶，或者像英國查爾斯王子在公開場合常常做的，伸出手來整理襯衫袖子或是玩起袖扣。也有人會調整領帶，時間或許比平常更久，因為這個動作可以讓手臂遮掩住胸膛與脖子的正面。這些都是保護的形式，傳達出這個人在當下覺得有些缺乏安全感。

我有次在超市的結帳櫃檯前面排隊，等前面的那位女士完成交易。她用轉帳卡（debit card），但是一直被機器拒絕。每次刷卡之後她輸入密碼，就會在胸前交握雙臂等機器反應，最後才惱怒的放棄走開。每次卡片被拒絕，她的手臂和手就會抓得更緊，清楚顯示她的惱怒與不安程度不斷上升（見圖33.、34.）。

小孩子在心煩意亂或是桀驁不馴時，也會看到他們用雙臂環抱身體，即使年紀還很

圖 33.

在公開場合，很多人在等待時、或是聽人演說時，會自在的將雙臂交叉。而在室內，我們就很少會用這種姿態坐著，除非有什麼讓我們覺得困擾，例如等一班遲到的車。

圖 34.

雙臂交叉而手也緊緊握住手臂，肯定是代表不安的情緒。

小。這種防禦行為有很多種形式，包括雙臂在肚子上交叉，以及在較高的地方交叉雙臂，讓手能抓住另一邊的肩膀。

學生常會問我，他們坐在教室裡也是會把雙臂在身體的正面交叉，不見得表示哪個地方不對勁吧？問題不在於是不是有什麼不對勁，也不是說這個姿勢就代表他們要將老師隔絕在外；手臂在身體正面交纏對許多人來說是一種非常舒服的姿勢，不過，當交錯雙臂是牢牢的扣住，或者手也變得緊緊的抓住，這就代表不安。記住，我們要以基準姿勢來比較出現的變化，才能注意到不安情緒出現了。你還得觀察這個人在比較放鬆的時候，是不是會坦開雙臂、露出身體正面。我發現我在講課時，許多與會者一開始都會雙臂交握的

第四章　被忽視的心情布告欄——軀幹

坐著，然後才慢慢的逐漸放鬆。顯然是有什麼事引發這種行為，多半是對周遭環境以及講師感到比較自在放心了。

也有人說，將雙臂交叉只是因為覺得冷；但這並不能否定其代表的非言語意義，因為寒冷也是一種不適。被訊問而覺得不安的人，像是接受刑案調查的嫌犯、和父母關係緊張的小孩、或者因為不當行為而被審問的員工，在接受訊問時常常會抱怨覺得冷。不管是哪種原因，當我們痛苦不安時，腦緣系統會啟動身體的各種系統，準備進行靜止、逃跑或奮戰的求生反應。其中一種影響就是血液會流向四肢的大肌肉而遠離皮膚，以防萬一這些肌肉要用來逃避或對抗威脅，可以立刻奮起。當血液轉移到這些部位時，有些人會失去正常的血色，導致臉色蒼白，或是一副大受震驚的樣子。血液是體溫的主要來源，所以血液從皮膚轉移到較深層的肌肉，會使身體的表面覺得比較冷（見案例二三）。例如，之前提過的年輕人在偵訊中緊抓著靠墊，我在訊問期間，他一直抱怨會冷，即使我將空調關掉了也一樣。他父親和我都覺得還好，他是唯一抱怨溫度的人。

## 彎曲身軀

彎腰鞠躬幾乎普遍被當作一種恭順、敬重、或是接受鼓掌喝采之類的榮譽時，展現謙遜的表示，日本人以及華人會因為尊重與敬意而鞠躬。我們要表示自己的恭順或位階較低

## 案例22：為什麼胃容不下某些話題

有沒有想過，為什麼餐桌上出現爭執的時候，你的胃就會不舒服？因為當你心情煩躁時，消化系統就沒有正常消化時所得到的那麼多血液。就像腦緣系統的靜止、逃跑、或奮戰反應，會將血液從皮膚移到肌肉，同樣也會將血液從消化系統輸送到心臟與四肢肌肉（特別是雙腿），讓你準備好離開現場。

爭吵導致胃不舒服，是腦緣系統啟動的一種徵兆。父母親在餐桌上吵架，小孩根本沒辦法把飯吃完，因為腦緣系統凌駕了進食與消化，要準備逃跑求生。不少人在經歷創傷性事件後會嘔吐，也是同樣道理，好像身體在緊急狀況下會說：沒有時間可以消化啦！這種反應是為了減輕身體負擔，同時為逃跑或是肢體衝突做準備。

時，會不自覺的採取躬身或叩頭的姿勢，主要就是將身體彎曲。

對西方人來說，要叩頭沒那麼容易，特別是刻意為之時。但是，隨著西方人與愈來愈多來自近東與遠東各國的人互動，我們有必要學習如何稍微躬身屈體，尤其面見長輩及德高望重人士時。西方人做這種表示崇敬的簡單姿勢，特別能夠被那些以此姿勢表達敬意的人所肯定（見案例二三）。順便告訴你，東歐人，特別是老一輩的，還是喜歡立正站好略略鞠躬表示尊敬。不管是刻意還是不自覺，**屈身鞠躬都是尊重他人的非言語姿勢。**

## 案例23：不說話也能表示由衷佩服

麥克阿瑟將軍（Douglas MacArthur）在第二次世界大戰爆發前奉命派駐在菲律賓政府。那段時間拍攝的一段老舊新聞影片，讓我明白，所有人都會把鞠躬視為表達崇敬的行為。影片內容裡有位美國陸軍軍官，放下一些文件後，離開麥克阿瑟的辦公室。當他離開時，這位軍官是一路低頭鞠躬倒退著走出去。沒有人要求他這麼做，這種行為是軍官的大腦不自覺啟動，要讓上位者清楚知道他的身分地位毫無威脅，他接受由麥克阿瑟掌控一切。其實，大猩猩、狗、狼與其他人類以外的動物也都會表現這種順從的姿態。

這位鞠躬退出去的軍官不是別人，正是日後成為歐洲戰區盟軍最高司令官、策劃諾曼第登陸、以及美國第34位總統艾森豪（Dwight David Eisenhower）。

## 穿啥，別人就認為你是啥

非言語溝通也包含象徵符號在內，所以我們得留意衣著及穿戴在軀幹（包括整個身體）上的飾件配備。很多研究都證明，我們所穿的，不管是套裝還是便服，甚至是服裝顏色，好比藍色西裝相對於棕色西裝，都會影響他人。

衣著透露出很多訊息，也可以幫我們很多忙。就某種程度來說，我們的軀幹就像布告欄，我們在上面公布自己的感受。戀愛期間，我們會盛裝散發魅力；工作時，我們為了事業改變衣著。

同樣的，繡有字母的中學夾克、警察徽章以及軍人勳章，都是穿戴在軀幹上用來吸引別人，要他們注意我們的成就。如果希望別人注意我們，那麼軀幹就是目標所在了。當總統對國會議員發表國情咨文時，會在一片藍灰色當中注意到紅色打扮的女性，就像鳥兒在展示羽毛一樣，在顏色一致的環境中穿著鮮豔的顏色，一定會引起注意。

衣著可能非常低調、可能非常流氣，也可能是幫派穿著或是怪異風格、有如歌手艾爾頓・強（Elton John），這些都在反映穿著者的心情或人格特質。我們也可以利用身上的裝飾品或裸露部分軀體來吸引別人、炫耀肌肉，或是宣示自己所屬的社會、經濟或職業地位。這或許可以解釋，為什麼人在參加備受矚目的盛會或是約會時，會非常苦惱要穿什麼。身上的裝飾可以顯示我們的出身背景，或是我們對某個團體的忠誠，穿著最喜歡球隊的衣服，就是這種心態。

**衣著非常具有敘述性，會透露人們是在慶祝還是在哀悼、身分地位是高是低，遵從哪種社會規範還是隸屬哪個教派。**可以這麼說，我們穿什麼會決定別人把看我們看成什麼（見案例二四）。很多人說我的穿著就像個FBI探員，沒錯，我習慣穿著標準的探員式衣著：深藍色西裝、白襯衫、暗紅色領帶、黑鞋子，再配上短髮。

顯然，因為我們會因工作角色的需要而穿上特定服裝，而且我們會在穿著上有意識的選擇，因此我們在評估別人的服裝所代表的意義時，就得謹慎。畢竟，我們還是有可能遇

## 案例24：穿什麼，就會變成什麼

想像一下。一天晚上，你走在一條杳無人跡的街道上，聽到後面有人跟著你。黑暗中你看不清楚這個人的臉或手，但是你可以判斷他穿西裝打領帶，還提著一個公事包。現在，想像同樣是在黑暗的人行道上，但是假設你所看到的是一個人的輪廓，衣著寬鬆凌亂、褲子鬆垮、帽子斜戴、T 恤上有污漬、而且網球鞋磨損破爛。不管是哪一個場景，你都沒辦法看得很清楚而分辨出細節，甚至於你假定那是一個男性，也純粹是根據衣著判斷。但是光從服裝，你就可以針對兩種人何者比較可能威脅你安全，做出不同的結論。

我並不是要告訴你，哪種穿著的人會讓你覺得比較自在，這應該由你自己決定。但無論對錯，在其他條件都相同時，衣著常常會大幅影響我們對這個人的想法。儘管衣著本身並不能真正傷害我們，卻會在社交上重重的影響我們，想想看，從九一一事件以後，美國人在看到一個人的衣著呈現出中東背景時，是如何主觀的下判斷、生疑心。再想像一下中東裔的美國人因此會有什麼樣的感覺。

我總是告訴學生，人生不會公平，而且很遺憾的，別人都是以衣著打扮來判斷他們，因此必須慎思服裝的選擇、以及傳遞給別人的訊息。

到穿著電話公司工人制服的傢伙站在門外，這人也許是個罪犯，只是去買或偷來這身服裝好進到你家，你怎能不審慎看待別人的衣服呢（見案例二五）？

在選擇服裝與配件時，一定要知道你的衣著傳遞出哪種訊息，以及別人可能從你的服裝看到什麼意義。還要考慮到，雖然你可能故意要在特定時間與地點，用服裝對一個人或一群人傳送某種暗號，但是你可能得略過許多其他不見得能夠接受這種訊息的人！

我在研討會上經常問：「你們今天有多少人是由媽媽打扮的？」當然每個人都笑了出來，而且沒有人舉手。接著我說：「好吧，那麼，你們、所有人，都是自己選擇打扮的方式囉。」這時候，他們都會看看旁邊，然後，也許是生平第一次猛然醒悟，他們可以再改善自己穿著打扮的方式。畢竟在兩個人初次見面前，唯一從對方身上獲得的資訊，就是外貌與其他非言語形式的溝通。或許，你該想想別人是怎麼看你的了。

## 身心差，外表就糟

當我們身心安適時，會關心自己的外觀，因此會精心打扮、修飾自己。人類在這方面並不是獨一無二的，因為鳥類和哺乳類動物也有類似的行為。相反的，當身心不安時，軀幹與肩膀的姿勢以及整體的外觀，可能就會透露出我們的狀態不佳。不少遊民患有精神分裂症，以致於他們的衣服骯髒污穢，而且在有人要幫他們洗澡或穿上乾淨衣服時，甚至還

## 案例25：衣服會騙人

無庸置疑，當我們只根據衣著來評估一個人的時候必須謹慎，因為有時候會導致錯誤結論。去年我住在倫敦距離白金漢宮只有四個街區、一家非常好的飯店，裡面所有的員工，包括女傭，都穿著亞曼尼（Armani）的套裝。如果我在火車上看到他們要去上班，很容易就會誤以為他們的社會地位相當高。所以切記，由於服裝具有文化上的約束力而且很容易被操縱，所以只是非言語觀察的一部分。我們評估衣著是要判斷其中是否傳遞出訊息，而不是要根據衣著來判斷一個人。

會抵抗。而意志消沉的人在走路或站立時會彎腰駝背，好像全世界的重量要把他壓垮了。

生病及哀傷時期無心打扮的現象，全世界的人類學家、社會工作人員以及健康照護供應者都注意到了。當大腦感到悲傷或人生病了，打扮和外表是最先放棄的事情，例如動完外科手術在恢復的病人，可能會頭髮凌亂、穿著背部大開的病人服在醫院的走廊上走動，不在乎個人的外表。當人生病或受到精神創傷，大腦有其他優先任務，而精心打扮並不在其中。因此，要是某人平常重視儀容，我們可以根據他目前缺乏個人衛生與梳理的整體現象，推斷這個人的心理狀態或健康情況。

## 四仰八叉的驕傲姿勢

在沙發上或椅子上四仰八叉，通常是舒適自在的訊號。但是，如果是在討論嚴肅議題時舒展肢體，就是一種領域性或支配性的行為表現（見圖35.）。尤其是青少年，在被父母斥責時，常常就會四仰八叉的坐在椅子或長凳上，以非言語的形式來掌控周圍環境。**這種舒展行為（splay behavior）是一種無禮的表現**，顯示對當權者的毫不在意，是一種不應鼓勵或縱容的領域性行為。

如果你有個小孩每次遇上大麻煩就會這麼做，應該馬上要求小孩端正坐好，以糾正這種行為；如果無效，你就用非言語的方式侵犯他的空間。你可以坐在他旁邊，或是緊貼著站在他的後面。很快的，你的小孩對你「侵入」空間的行為就會產生腦緣系統反應，會促使他端正坐好。

如果放任小孩在重大的意見衝突時做出這種伸展肢體的行為，那麼他倘若漸漸失去對你的敬意，就不令人意外了。怎麼不會呢？允許這種行為表現其實就等於在說：「對我無禮沒有關係。」等到這些小孩長大，當他們在職場上應該要聚精會神的正襟危坐時，卻可能很不得體的舒展身體。這並不是讓飯碗捧得久的做法，因為這種行為散發出一種蔑視權威的強烈負面非言語訊息。

## 人變得像猩猩

人類和許多其他生物一樣，包括某些蜥蜴、鳥類、狗、還有和我們同類的靈長類動物在內，在企圖確立地盤的支配地位時，都會鼓起胸膛。看看怒氣相向的兩個人吧，他們會鼓起胸膛，就像銀背大猩猩一樣。雖然我們看到別人這麼做的時候，可能會覺得滑稽可笑，但是鼓起胸膛的動作可不能等閒視之，因為觀察結果顯示，當人們準備要攻擊時，胸部會吸滿氣。學校操場上小朋友準備要打架時，會看到這個動作。職業拳擊手在重要比賽之前互相挑釁時，你也會看到這種動作——胸膛突出、身體向對方傾斜、發出大聲以示勝券在握。

圖 35.

肢體舒展開來是一種領域性的行為表現，在自己家裡沒關係，但是在職場上可就不好，尤其是在求職面試時。

## 衣服幫我拿著！

有時候在街頭格鬥中，準備要痛扁對手的人會脫衣服，拿掉一件服裝，像是襯衫或帽子。到底這麼做只是為了伸展肌肉，還是要保護脫下來的衣服，或者是不想讓對手可以抓住自己而占優勢，這些答案都說不一定。無論如何，如果你和人發生爭執，而對方脫掉帽子、襯衫、或任何一種衣著服飾，極有可能有場搏鬥一觸即發（見案例二六）。

## 吸足了氣，準備……

人承受壓力時，可能會看到他的胸部起伏，或是快速的膨脹收縮。當腦緣系統被喚醒，準備逃跑或奮戰時，身體會盡可能的吸進最多的氧氣，不管是深呼吸還是喘氣，腦緣系

### 案例26：脫掉上衣，開打

多年前，我親眼看到兩位鄰居為了自動灑水系統不小心噴到了一輛剛打好蠟的車子而爭辯不休。隨著情勢升高，一個鄰居開始解開襯衫鈕釦。這時候，我知道拳頭就要亂飛了。果然，解開襯衫鈕釦只是拳腳相向的前兆，接著兩個大男人為了汽車上的水漬而大打出手，簡直令人難以置信。但是真正引人注目的，是兩個人先用胸部相碰撞，好像是大猩猩似的，然後開打。看到他們表現出這麼荒唐的肢體行為，實在很尷尬。這種事不應該發生的。

統提醒：「可能有問題，多吸幾口氣，以防萬一得逃或打！」當你在一個相當健康的人身上看到這種行為時，就該思考他為何這麼緊張。

## 聳肩有名堂

誇張的聳肩與微微的聳肩，在不同的背景下可能代表不同意思。當老闆問一個員工：「你知道這個客戶有抱怨什麼嗎？」而員工回答：「不知道。」一邊還稍微聳個肩，很可能這個說話者對於剛剛在談的話題並不投入。坦率且真誠的回應應該是雙肩以相同的大幅度聳起。當人們對自己說的話有把握時，可以預期他們的肩膀會高聳，一邊說：「我不知道！」一邊將雙肩朝耳朵方向聳起來，不覺得有啥不對勁。

就像先前討論過的，這是一種對抗地心引力的行為，通常表示這個人很自在，而且對自己的行為有信心。如果你看到一個人的肩膀只是稍微聳起，或者只有聳起一邊的肩膀，很有可能這個人的腦緣系統對於正在說的話不投入，而且可能態度逃避，甚至欺騙造假（見圖36、37）。

## 軟弱的肩膀動作

說到肩膀，要留意有些人談話時、或反應負面事件時，會移動身體，因此肩膀會開始

圖 36.

肩膀稍微聳起表示缺乏熱情或安全感。

圖 37.

我們會用聳肩，來表示不知情或懷疑。觀察是否雙肩聳起；如果只有聳起一邊的肩膀，傳遞的訊息就曖昧難解了。

慢慢的朝耳朵方向聳起，而使得脖子好像都快要消失不見了（見圖38.）。這裡的關鍵動作，就是肩膀緩緩聳起。表現出這種肢體語言的人，基本上是企圖讓自己的頭消失不見，就像烏龜一樣。這樣的人缺乏自信，而且是高度不安的。我在業務會議中看過這種行為，當時老闆走進來說：「來吧，我想聽聽大家做了些什麼。」當房間裡的每個人得意的說起自己的成就時，邊緣不重要的員工就好像愈沉愈低，他們的肩膀愈聳愈高，下意識的企圖把頭藏起來。

這種烏龜似的行為也會出現在家庭中，當父親說：「我發現有人打破檯燈，卻沒有告訴我，我覺得很難過。」父親看著每個小孩，如果其中一個眼睛往下看，肩膀朝耳朵靠近，那就是他囉。你也會看到一支輸球的足球隊走回更衣室時，表現出這些軟弱的肩膀動作，垂頭疾行，從後面看，肩膀似乎要把頭給吞沒了。

## 軀幹與肩膀是個心情布告欄

很多有關非言語行為的書籍，都忽略了軀幹與肩膀的部分。這真是遺憾，因為很多珍貴的資訊其實是來自身體的這個部分。如果你以前忽略而沒有觀察身體這個部位的非言語線索，我希望本章的內容能說服你擴大觀察範圍，把軀幹和肩膀當成身體這個「布告欄」的一部分。軀幹的反應尤其誠實，因為我們許多重要的器官就存放在這裡，腦緣系統會非常小心保護。

圖 38.

雙肩朝耳朵聳起，會形成「烏龜效應」；軟弱、缺乏安全感、以及負面的情緒，這個動作傳達的訊息就是這些。

# 第 5 章

# 肩膀到手肘以下的密語

就觀察肢體語言來說，手臂並沒有受到應有的評價。我們在試圖判讀非言語行為時，通常把比較多的重點放在臉部和手掌。其實在觀察自在、不安、自信或其他感覺的行為表現時，雙臂是很好的情緒傳達工具。

打從我們遠古的祖先開始直立走路以來，人類的雙臂就能自由的廣為運用。雙臂可以搬運重物、用力揮拳、抓緊物品，還能將我們舉離地面。動作流暢、敏捷，而且對任何外來的威脅能做出驚人的第一反應，特別是與下肢協調動作尤其讓人讚嘆。如果有人朝我們丟東西，雙臂會出於本能而精準的舉起來阻擋。雙臂和雙腳雙腿一樣，憑直覺反應，而且以保護我們為目的，因此即使舉起手臂來保護自己並不合邏輯或欠缺考慮，還是會這麼做。任職於FBI期間，我就看過，有人在槍戰駁火中企圖用手臂保護自己，而導致手臂中彈。

思考的腦知道，光憑一隻手臂無法擋子彈，但是，腦緣系統會使我們的手臂抬起來，精準的阻擋以每秒九百英尺速度前進的子彈。在鑑識科學裡，這種傷稱為防禦傷（defense wounds）。

每次碰撞到手臂、特別是撞到尖銳的東西時，想想看，手臂是不是老是剛好保護了你的身軀免受致命攻擊。有一次，我在佛羅里達的暴風雨中，撐起一把傘，狂風吹得車門彈向我，尖銳的邊緣打中了我的身體側邊，手臂高舉撐傘而沒有受到保護的這一側因而斷了一根肋骨。從那次以後，我就留下了痛苦的回憶，知道手臂是怎麼保護我的。

雙臂就像雙腳一樣，都是為了要協助我們生存，而演化成目前的功能，所以可以相信它們能夠透露真實的感受或意圖。上肢不同於多變且令人迷惑的臉部，它們提供了具體可靠的線索，更精確的表現出我們自己以及我們對周遭的想法、感覺或意圖。在這一章，我們將探討如何詮釋一些最常見的手臂行為。

## 手臂動作的傳染性

移動手臂的程度，是顯現態度與感受的重要且精準指標。手臂動作包括低調壓抑、約束克制，到活潑生動、無拘無束且豪放坦率。當心滿意足時，手臂會自由擺動，就拿在玩耍的小孩來說吧，小孩子在與人互動時，手臂經常會很容易的就做出擺動，孩子們總是用手比劃、打手勢、握、舉、抱，揮手。

興奮的時候，我們不會限制手臂的動作，我們的天性是對抗地心引力，好將雙臂高舉過頭（見案例二七）。如同前文所述，對抗地心引力的行為與積極正面的情感有關。當一個人覺得愉快且自信時，會很有把握的擺動雙臂，譬如在行走時，沒有安全感的人，會下意識的壓抑雙臂，好像提著東西似的。

**案例27：舉起你的雙臂！**

不必用槍，也可以讓人把雙手高舉過頭——只要讓人覺得開心，他們會自動這麼做。事實上，遇到持槍攔截，可能是人唯一會將手高舉卻覺得不開心的時候。想想看，運動員在做出好表現後，會互相擊掌；足球迷在本地球隊得分後，會振臂歡呼。手臂對抗地心引力的動作，是快樂與興奮的常見反應，無論是在巴西、貝里斯、比利時、還是波札那，揮舞手臂都是表現多興高采烈的普遍動作。

對一個同事直言不諱，說她犯了一個嚴重且損失慘重的錯誤，她的肩膀與手臂會洩了氣似的下垂。有過這種「下沉不安」的感覺嗎？那是腦緣系統對於負面事件的反應，負面情緒會使我們的身體往下。這些腦緣系統反應不只誠實，而且是即時出現的：在得分的那一刻，我們會跳躍、同時高舉雙臂；要是裁判的裁決不利我方，肩膀和雙臂就會下垂。這些與地心引力有關的行為精確的傳達出我們的情緒，而且就在我們產生感受的那當下。此外，這些肢體上的行為表現也有傳染性，無論是在足球場、搖滾音樂會，還是好朋友的聚會。

## 縮回手臂為了蓄勢待發

當心煩意亂或擔心害怕時，會將雙臂縮回。在受傷、被威脅、受虐或擔心時，雙臂會直直的放在身體兩側，或者貼近胸膛，這是一種求生手段，有助於保護自己。就像母親在兒子與粗魯的小孩一起玩時會擔心，她通常會交叉雙臂，橫放在腹部前，準備好插手干預，但會站在一旁握著手臂以克制自己，觀察遊戲進行。

當兩個人在爭執時，雙方可能都會做出這種縮回手臂的動作，這是一種兩人可能都沒有意識到、非常保護性的行為。**這種克制具有求生上的價值，可以一邊保護身體，一邊又表現出不挑釁的姿勢**。基本上，他們是在壓抑自己，因為伸出手臂可能會被解讀為企圖攻擊對方，因而引發打鬥。

自我克制不僅可幫助我們與別人交涉，也可以在我們需要被安撫的時候安頓自己。例如，身軀和手臂受傷或疼痛，通常會導致我們限制手臂的動作，設法鎮靜或安撫自己。此外，我們也會將手臂縮回，護著身體疼痛的部位，就像腸道不適的時候，手臂會拉回到腹部安撫。像這種情況，手臂不會向外移動，腦緣系統會要求手臂就近照料我們的需求。

## 小孩的手臂不愛動？要小心

約束手臂的動作，或稱手臂靜止（arm freeze），尤其是發生在兒童身上時，可能代表更不幸的意涵。在研究受虐兒童的指標中，我的經驗顯示，這些小孩在施虐的父母或其他加害者在場時，會克制他們手臂的動作。這對求生存來說十分合情合理，因為所有的動物，特別是掠食動物，會朝有動靜的方向注意。**受虐兒童本能的知道，動作愈大、愈有可能被注意到，愈可能被施虐者當成目標**。因此兒童的腦緣系統本能的自我控制，確保他的手臂不會引來注意。手臂靜止的行為可以用來警示有愛心的成人，不管是老師、鄰居、親戚、還是朋友，這個小孩可能是虐待事件的受害者（見案例二八）。

或許我還是擺脫不了身上的FBI因子，當我看到小孩在操場上時，總不禁會瞄一眼他們的手臂，留意有沒有任何瘀青或傷口。我所受的訓練教導我，要在兒童與其他人身上尋找疏於照料與受虐待的痕跡。我的職業是執法人員，但我也是一個父親，經驗告訴我，跌倒和撞到的瘀傷是什麼樣子、會出現在身體的什麼部位，和受虐造成的瘀傷不一樣。這種傷痕的位置和外觀不同，受過訓練的眼睛可以察覺出這些差異。

小孩會以手臂屏障身體，當作主要的防衛手法，成年人則可能會用其他物體自衛，小孩胡亂揮動的手臂通常是施虐家長第一個伸手去抓的目標。以這種攻擊式的方法控制小孩的父母，會在手臂的腹側（內側）留下壓痕。特別是父母如果以這種姿勢搖晃小孩，壓痕的顏色會更深，因為壓力更大，而且留下的形狀會比成人的手更大，不然就是留下比大拇指或其他手指更長的痕跡。

儘管醫生與公共安全人員總是會在幼小的受害者或病人身上看到類似這樣的痕跡，但多數人沒有意識到這種行為有多普遍、影響有多重大。如果我們都學會仔細觀察兒童，能

## 案例28：受虐兒的求救訊號

為了健身，我固定在社區的游泳池游泳。多年前，我注意到有個小女孩，平常都很會親近人，開朗外向，但是每當母親在身邊，她就會壓抑手臂。好幾天我都注意到這種反應。接著，我留意到這個母親常常用嚴厲、刻薄及貶損的字眼對小女孩講話。從我觀察到的肢體互動中，她對待女兒通常很粗暴而不是很有愛心，這點非常令人不安，但是還不到犯罪的程度。最後一次看到女孩的那天，我注意到她手肘上方、手臂的內側（當手臂自然垂放在兩側時，面對身軀的部分）有些瘀青。這時候，我沒辦法再隱瞞我的疑心了。

我通知游泳池管理員，說我懷疑有虐兒案件，並請他們留意那個小女孩。一名員工告訴我，她是「身心障礙」兒童，身上的瘀青可能是因為缺乏協調性所造成的。我覺得我沒有表達出我所感受到的嚴重不安，因此找上游泳池的主管，說出我的疑慮。我解釋道，跌倒造成的防禦性傷痕不會出現在上臂的內側，而是在手肘或是手臂的背側（外側）。而且，我知道這個小孩每次只要母親一靠近，就會看起來像個機器人，這點並不是巧合。後來因為有其他游泳的人也觀察到同樣的情況，並通報主管當局，我知道以後才比較放心。

我再提出非常重要的一點。如果你是家長、老師、營隊輔導員或是校警，看到小孩在家長或其他成人在場時，會急遽改變或壓抑手臂的行為，你最起碼應該要關注一下，進一步觀察。中斷手臂的動作，是腦緣系統靜止反應的一部分，對於受虐兒來說，這種適應行為可能就代表著求生存。

## 案例29：扒手總是給暗示

我最早接觸到壓抑手臂行為的經驗，就是超過35年前在一家書店工作，負責找出扒手。站在銷售樓層上方的高處，我很快就了解，那些不法之徒相當容易辨認。一旦了解扒手典型的肢體語言，我每天都能發現他們，甚至他們一踏進門，我就看得出來。

首先，這些人會不斷四處張望；其次，他們的手臂動作通常比一般顧客少。他們好像試圖讓自己在店裡面移動時，變成比較不重要的目標；然而，缺少手臂動作這點反而使他們顯得突出，讓我在他們出手偷竊時，更能夠注意到他們。

留意虐待施暴的痕跡，每個人都可以幫忙保護小孩。我不是要你瞎起疑，而是要有警覺性。

壓抑手臂的行為不限於小孩，也可能出現在成年人身上（見案例二九）。我有一位在亞利桑那州優馬（Yuma, Arizona）擔任海關檢查員的朋友說，他會注意一般人在入境時怎麼拿旅行袋和手提包。會擔心旅行袋內容物的人，不管是因為內容物的價值還是不合法，通常會更緊握旅行袋，特別是在接近海關櫃台時。手臂不僅能保護重要的物品，還包括我們不希望被注意到的東西——但結果反而更被注意。

# 只伸出手肘以下的「歡迎」

如果觀察某特定人選的手臂行為一段時間，建立充分的基準行為，就可以根據手臂動作洞悉他的感覺。比方，由手臂動作可以得知這個人下班回家時的感覺，辛苦勞累一天後，或是覺得沮喪、難過，手臂就會低垂在人的兩側、且肩膀下沉。相反的，你觀察那些久別重逢的人們，他們會張開手臂。其中的涵義很清楚：「過來吧，我想要抱抱你！」這景象讓人聯想起父母熱情的向孩子伸出手來，而孩子也以同樣的方式回應，伸出手臂，展現整個身體，因為我們感到真誠且正面。

當情緒沒有那麼正面時，我們的手臂動作會怎樣？多年前，我的女兒還小，我們參加一場家庭聚會，有一位親戚靠近我，當下我並沒有展開雙臂，只是把手肘以下的部分伸出去，上臂仍然比較貼著身體兩側。有趣的是，當這個親戚伸出手來要抱我的女兒時，她也跟著我做出同樣動作。我在無意識間散播出我歡迎這個人，但看到她並沒有感到極度興奮；我女兒也以同樣方式回應，後來還告訴我，她也不喜歡這個親戚。不管是她的初衷，或者是她揣測到我對這個親戚的觀感，我和女兒都是以手臂半伸的動作，無意識之間顯露出真正的感覺。

手臂的行為也有助於傳達一些日常訊息，如：「哈囉」、「再見」、「過來」、「不知道」、「在那邊」、「在這裡」、「在那兒」、「停」、「回來」、「滾開」，還有「真令人不敢置信！」這些手勢很多是全世界各地都熟悉的，而且常常用來克服語言障礙。也有許多下流的手勢與手臂有關，有些是特定文化獨有的，其他則是舉世熟悉的。

## 手臂擺在背後：別過來！

某些手臂動作傳達出：「別靠近我；別碰我！」的訊息。例如，觀察一些大學教授、醫生或律師在走廊上行走時，或者可以看看英國女王伊莉莎白和她的夫婿菲力普親王，他們常常將手臂擺到背後交握。這種姿勢的第一個意思就是在說：「我的社會地位比較高。」其次，他們是在傳遞：「請別靠近我；我是不能碰觸的。」（見圖39.）然而，這種行為常常被誤解為只是一種在沉思或思索的姿態，但除非是看到這人在博物館裡面端詳一幅畫，否則這姿勢就與沉思無關。成年人會互相或對小孩傳達這種訊息，甚至寵物也會敏感的察覺到手臂的疏離動作（見案例三〇）。

一個小孩每次渴求被擁抱、而媽媽卻將手臂縮回或擺到背後，儘管他成長在家庭，感受到的卻是孤立，這樣的非言語訊息對小孩子會有長遠的影響，而且就像其他疏於照顧和虐待的情況，通常後來會被模仿，然後又傳給下一代。

人類不喜歡有「自己不值得被碰觸」的感覺。當一對夫婦走在一起，其中一人的手臂

圖 39.

這姿勢有時候被稱為「皇家儀態」，手臂放在背後意味著：「別接近」。我們可以看到皇室成員利用這種行為，與其他人維持一定的距離。

放在背後，這種行為顯然並非反映親近或親密。留意在你伸出手臂與人握手，而對方卻沒有回應時，你有什麼感覺。當我們伸出手來要做肢體上的接觸，卻沒有得到相對的回應時，我們會覺得被排斥而沮喪。

大量的科學研究顯示，「碰觸」對於人類的幸福感非常重要。健康、情緒、心智發展、甚至壽命長短，很可能都會受到我們與別人肢體接觸的多寡、以及積極正面的觸摸頻率所影響。我們都在報紙上看過一項研究指出，光是撫摸狗兒這個動作，就能降低一個人的心跳頻率，因而具有鎮定之效。寵物的情感通常是沒有條件的，我們永遠不需要擔心得不到對等的回應。

身為人類，我們都知道將「觸摸」作為衡量感受的溫度計。我們將手伸向真心喜愛的

### 案例30：寵物也不滿

動物訓練人員告訴我，狗無法忍受人類將目光移開、手臂縮回。基本上，我們的行為是在告訴狗：「我不會碰你。」如果你有養狗，可以試試這個實驗。站在寵物的面前、張開雙臂，但不要碰它。然後再將手臂收回到背後，看看會發生什麼情形。我想你就會發現，狗會有不好的反應。

事物，而對討厭的東西敬而遠之，如果你把弄髒的尿布遞給某人處理，這人的直接反應就是用最少的指頭拎起來，然後手臂伸得離身體遠遠的。沒有人受過訓練要這麼做，但是我們都會這麼做，因為腦緣系統會限制我們去接觸討厭的、不健康的、或對我們有害的物體。

**這種保持一臂之遙的現象，不僅會出現在我們遇到不喜歡的物體，還會發生在我們與不喜歡的人相處時，我們的手臂會充當屏障或是封鎖機制，以便保護或遠離任何我們認為的不利因素。**只要留意一個人的手臂究竟是接近還是疏遠某個人或物，你就可以知道這個人對某人或某物的感覺。觀察機場或擁擠的人行道，你就會注意人們在人群中前進時，怎麼用手臂來保護自己、或阻擋別人太靠近；然後，留意在社交或生意場合中，與你互動的人怎麼和你打招呼。我想，你就會開始發現英語裡頭「疏遠」為何要用「keep at arm's length」（保持一個手臂的距離）的說法了。

## 用拐子打招呼

手臂除了保護自己或與別人保持距離，還可以用來標示勢力範圍。事實上，當我在寫本書的這一段時，人正在飛往卡加利（Calgary）的加拿大航空班機上，鄰座是個體積非常龐大的乘客，幾乎整趟飛行旅程我都一直在設法想搶到扶手的地盤。而我看起來輸得滿慘，我只占了扶手的一小角，但他卻霸住了扶手的其他地方，接著就侵占了我的整個左側，我被他擠到只能靠向窗戶。最後，我決定放棄開拓更多的地盤的打算。類似這樣的事件我們每個人都會遇到，不管是在電梯裡、在出入門口、或在教室裡，你遇到過數不清的「拐子」，這就是被占了地盤，沒有人喜歡這種感覺。

在會議室裡，你也可以看到宣示領域的行為，有人會將資料散開來，用手肘架開來占領較大的會議桌空間而犧牲他人的空間。根據艾德華．霍爾的說法，地盤空間基本上就代表權力，宣示勢力範圍會產生非常強烈且負面的結果，包括短期與長期的負面結果，所引發的爭鬥範圍可能有小有大。領土糾紛，從在壅塞地鐵中的揮肘占地盤，到阿根廷與英國之間的福克蘭群島戰爭（Falkland Islands），戰爭可大可小。往卡加利航班的扶手大戰之後數月，我坐在房間裡校訂著這一章，依然能夠感覺到鄰座霸占扶手時，我所感受到的不舒服。宣示領域顯然對我們而言意義重大，在我們的空間與別人重疊時，手臂顯然是宣示地位的好工具。

注意那些有自信或地位較高的人，比起比較沒自信、地位較低的人，他們會用哪些「手」段來占領更多的勢力範圍。一個占支配地位的人，會把手臂搭在鄰座椅子上，讓每個人都知道這是他的領域範圍，或者在第一次約會時，可能就很自信的用手臂環住女士的肩膀，好像她是他的所有物一樣。

此外，在餐桌上，留意地位較高的人通常會一坐下就盡可能占領最多範圍，他們的手臂會抬起來放在桌上，要不就是把物品如公事包、手提包、文件散佈在餐桌上。如果你剛到一個機構，留意那些會用個人資料如筆記本、行事曆，甚或手臂占領比多數人更多會議桌空間的人，他們正在宣示權力與地位；因此要留心觀察這些非言語行為，並用來判斷一個人的實際地位或是他被認知的地位。相反的，坐在會議桌前手肘貼著腰，或是手臂放在兩腿之間的人，則傳達出一種軟弱與低自信的訊息。

## 手扠腰的用法

手扠腰（arms akimbo）是一種宣示支配地位、並投射權威形象的宣示領域行為（見圖40.），這種行為係指一個人的雙下臂呈V字型伸展，雙手放在腰間、大拇指向後。可以觀察警察或軍人，他們在交談的時候幾乎都是採用手扠腰的姿勢。部分原因來自他們所接受的是施加威權訓練，但民間對此的反應並不好。軍方人員退伍加入企業界，都會被提醒要軟化這樣的形象，免得讓人覺得威權專斷。將手扠腰的動作減到最低，可以改善常令人不安的跋扈聯想（見案例三一）。

對女性而言，手扠腰可能還有特別的用處。我教導女性主管，在開會時與男性對峙的話，這是女性所能採用的一種非常強烈的非言語行為。手扠腰對任何人來說都是意義明顯，特別是女性，說明她堅持立場、有自信、討厭被威嚇。太常看到公司裡的年輕女性，在受到男性非言語的欺凌時，男性一定會手扠腰對她們講話，展現支配氣勢（見圖41.）。模仿這種行為，或者先聲奪人，可以讓不願意以其他方式表現自信的女性，進行公平競爭。手扠腰表達了「有問題」、「情況不太好」、或「我堅持立場不退讓」

圖 40.

手扠腰是一種強烈的宣示領域動作，可以用來建立優勢支配地位，或是傳達「有問題」的訊息。

## 案例31：警察手扠腰，也得看情況

不相信非言語行為會影響他人行為的人，應該看看警察在錯誤時機手扠腰，會導致什麼狀況發生。某些情況下這麼做，不只會破壞警察的執法效力，還可能使他們命在旦夕。

下意識的，手扠腰是在展現權威與控制力、以及宣示領域。如果家庭爭執鬧到管區警察上門，要是管區的做出這種動作，通常會使得屋內的人情緒更強烈，可能使情況更惡化。尤其，警察如果在門口做出這種姿勢、擋住屋主的出口，情況會更火爆。類似手扠腰的宣示領域動作會激起盛怒，因為「我家就是我的地盤」，沒有一個一家之主（或「王」）會希望外來者控制他的空間。

另個案例是年輕警察手扠腰，差點要了他的命。當時他們離開固定的巡邏任務，進行祕密調查，這些臥底調查的生手進入一個陌生地方，想要滲透一個酒吧，他們手扠腰站著觀察周遭。雖然這是他們很習慣的動作，但在那些陌生人當中，眼前這些外來傢伙還沒有權利可以擺出這麼權威或宣示領域的動作。這些年輕警察無意間昭告世人他們是警察。

我偵訊過許許多多的罪犯，因而知道了這種宣示領域的手臂動作，是道上兄弟試圖推斷出誰是臥底警察時，必然會留意的動作之一。除了掌權者以外，大多數的平民百姓很少會手扠腰的站著，我一再提醒警政單位的訓練官和指導員要注意這點，務必確定臥底警察戒除這種習慣，才不會洩露身分，自尋死路。

的態度。

傳統的手扠腰姿勢通常是手放在臀部上方，而拇指朝後；但有一種不同的型態，就是雙手放在臀部上方，但拇指卻朝前（見圖41.、42.）。常見於表示好奇、但不擔心時。一般人可能會用這種充滿好奇的手扠腰姿勢來接近某種情況，也就是拇指朝前、手置於臀部上方，手肘向外，判斷接下來的情況，如果有必要，接著會把手轉成「拇指朝後」的姿勢，建立一種比較權威支配的姿勢。

## 昂揚擴張，我說了算

另外一個宣示領域的動作，就像手扠腰一樣，常常在商業會議及其他固定座位的社交場合中看到，就是一個人往後靠，雙手在腦後交握（見圖43.）。我向一位文化人類學家提過這種行為，兩人的結論都是，這個動作會令人聯想起眼鏡蛇「昂首擴張」警告其他動物的動作，要人家留意他的地盤與權力。

這種昂首擴張作用（hooding effect）使我們看起來比實際更大，而且告訴別人：「這裡我說了算。」這種動作還有一種尊卑高下的意味。例如，在等待會議開始時，公司主管可能會採用這種雙手在腦後交叉、手肘外張的動作。但是，等老闆走進房間，主管的這種領域擴張動作就會停止。宣示領域的動作是高階層或其他掌權者的行為，因此，做這種動

圖 42.

在這張照片中，手扠著腰，但注意大拇指卻是朝向前面。這是一種比較好奇、不那麼權威的姿勢，而前一張照片裡的拇指朝後，則是表現出「有問題」的姿勢。

圖 41.

女性通常比男性少做出手扠腰的動作。注意照片中大拇指的位置。

作是當家人物的權利，而其他人則被期待要將手放在桌子上，表現出適當的尊敬。

## 權威主宰的姿勢

通常我們會同時使用雙臂撐起一個A字形，以強調重點並宣示領域，這常常出現在意見相左時。我在紐約出差期間，在飯店看見一位客人，先是雙臂貼著身體走向櫃台，要求當值的職員幫個忙。在要求被拒絕時，這位客人的要求變成命令，手臂也跟著出現轉變，隨著對話愈來愈激烈，手臂張得愈來愈開，占領愈來愈多的櫃台空間，周遭的其他旅客只得向旁邊避開。張臂行為是一種強烈的腦緣系統反應，用來建立權威並強調觀點（見圖44.）。

根據慣例，溫順的人會收回雙臂；強勢、權威或憤怒的人會展開雙臂，以占據更多的勢力範圍（見案例三二）。

在業務會議時，占據並維持大面積勢力範圍的說話者，可能對於

圖 43.

雙手在腦後交叉代表自在與權威。通常會議中較高層的人，會擺出這種昂首擴張的姿勢。

圖 44.

指尖展開，放在一個平面上，是顯示信心與權威的一種重要領域性動作。

圖 45.

手臂張開伸展到其他椅子上，是在告訴全世界你覺得自信且自在。

正在討論的事情非常有自信（見圖45.）。張開的雙臂是高度精確的非言語行為，因為這是腦緣系統行為，表示：「我有自信。」反之，一個手臂橫過幾張椅子的人，在被詢問到讓他不安的事情時，一定是迅速的縮回手臂（見案例三三）。

## 戀愛期的手臂

在戀愛期的行為當中，男性通常是先伸出手臂環繞約會對象的人，如果有其他男性試

## 案例32：誰在虛張聲勢？

幾年前，我參與一項美國航空公司海外安全人員的訓練。一名員工告訴我，報到櫃台的服務員通常憑著觀察，看乘客在櫃檯時手臂張得多開的姿勢，就能判斷哪些旅客會有問題。從那天起，我就一直在觀察這種行為，而且在無數次的對峙當中獲得驗證。

後來我在機場聽到一位乘客被告知一項新規定，要求他行李超重的部分要額外付費。馬上，這個人手臂在櫃檯上張開到不得不彎腰的程度。在之後的爭執當中，航空公司員工往後退、雙臂在胸前交叉，並告訴這位乘客，除非他肯合作並冷靜下來，否則就不准上飛機。附帶一提，可不是每天都能同時看到兩種這麼值得注意的手臂行為，從遠處看，不用聽到對話內容，也知道兩人誰攻、誰守。

圖搶奪這位女士時，尤其會這麼做。要不然他會將手臂放在約會對象背後，並繞著她轉，如此一來就沒有人可以占領或侵犯這個勢力範圍。觀察戀愛期的「固定儀式」非常具有啟發性而且有趣，尤其是當你看到男性下意識的突然監視起他的勢力範圍與約會對象時，這種舉動更顯好笑。

另外一個戀愛期間手臂行為的例子，是情侶坐在同一張桌子時，讓彼此的手臂接近、或不接近的程度。手臂上有大量的感覺接受器，因此相互有好感的兩人碰觸對方手臂會產生愉悅的感官知覺，即使是輕刷過裸露手臂上

## 案例33：沒人會受傷的作戰計畫

多年前，我參與規畫一項要在佛羅里達州雷克蘭（Lakeland, Florida）進行的特種部隊行動。任務計畫人在說明行動指示時，似乎面面俱到，他的雙臂向外伸展到兩張椅子上，一邊自信的敘述逮捕計畫的每個細節。這時突然有人問：「雷克蘭傘兵的醫務人員呢，和他們聯絡過了嗎？」

任務計畫人這下子馬上收回雙臂，雙掌合十放到雙膝中間。這是領域行為的重大轉變，從占據大片空間，變成盡可能縮小範圍，完全是因為他沒有做好必要的安排，以致於信心突然消失。這是一個鮮明的例子，說明我們的動作會多麼迅速的隨著情緒、信心程度或想法而出現高低起伏。這些非言語行為會即時出現，並立刻傳達出訊息，有自信時就外擴，沒那麼有信心時就內縮。

的汗毛、或是透過衣服碰觸，都能刺激神經末梢。當我們的手臂靠近另一個人的手臂時，腦緣系統是在公開表示我們很自在，肢體上的碰觸是被允許的。相對於這種行為，就是當關係變差，或者與我們比肩同坐的人、無論是約會對象還是陌生人，只要他讓我們覺得不舒服時，我們的手臂會遠離貼近同伴手臂的地方。

走遍全球，財富通常會藉由在手臂上穿戴貴重物品或裝飾品來展示。即使在中東的許多地方，還是常見到女性在手臂上戴金環或金鏈等珠寶財富，以彰顯她們的財富與地位。男性也是，會戴上昂貴的手錶來展現他們的社經地位或富裕程度。一九八〇年代，邁阿密的男士熱愛戴勞力士手錶，那是當時時興的地位象徵，從毒販到新富階級都一樣。

## 刺青藏起來，傷疤露出來

其他社會象徵，包括個人或職業經歷的證明，都可以在手臂上以各種不同的方式展現。有些人會展露他們因為職業造成的傷疤，像是從事建築業、運動員、和軍人。如果穿制服，則在上臂的地方可能會縫或繡上的標示。許多人手臂上有刺青，健美的運動愛好者則喜歡穿貼身衣服以展示肌肉。手臂和身軀一樣，像是一個布告欄，公告著我們人格的各個面向。

仔細觀察一個人的手臂，有時候會透露出這個人的生活方式。養尊處優者平滑、仔細修整的手肘，迴異於那些每天在戶外工作的人傷痕累累、黧黑的手臂。曾經待過軍隊或監獄的人，可能會在手臂上留下他們經歷的紀念痕跡，包括傷疤和紋身。對特定族群或對象懷抱敵意的人，甚至會將這種敵意書寫或紋在手臂上。靜脈注射毒品成癮者沿著手臂靜脈可能會留下注射痕跡。有心理障礙困擾的人，或稱為邊緣人格（borderline personality）者，可能會故意自殘而留下傷痕。

至於刺青，這類身體裝飾在過去十五年來為數愈來愈多，尤其在比較「現代化」的國家。不過，刺青這古老的裝飾至少流傳了一萬三千年之久。刺青在當前文化中所傳達的訊息應該要特別討論，近幾年來我參與過幾次陪審團成員的審查，當中特別針對證人或被告如果有刺青，會給陪審團什麼觀感，做了些研究。經過多次的調查結論顯示，刺青在這些陪審團候選人的心目中，看來屬於社會階層較低人士的裝飾，或者是年少輕狂所留下的痕跡，通常不是很讓陪審團喜歡。

我告訴學生，紋身應該要藏起來，特別是在應徵工作時，尤其如果你想在食品界或醫界工作。名人或許有紋身也無所謂，但即使是他們，工作時也得遮起來。關於刺青的基本重點就是：調查顯示，大多數的人不喜歡看到紋身。這狀況也許有一天會改變，但是現在，**如果你想要以正面的方式影響別人，就應該把刺青遮起來。**

## 不握手、不擁抱，那就露兩手

兒童需要愛心的碰觸，才能夠在安全與受呵護的感覺下成長，但成年人其實也需要擁抱。我會大方的擁抱別人，因為這樣所傳達出的關心與情感，遠比言語本身更為有效。不喜歡與人擁抱的人，人生必有遺憾，他們錯失太多。

但是，擁抱也可能被某些人視為對他們個人空間的入侵打擾。善意的擁抱可能被誤解為性騷擾，因此絕對要小心，不要在不歡迎擁抱的地方這麼做。在與人互動時，要仔細觀察並詮釋對方的行為，以便判斷究竟適不適合擁抱。

然而，即使不擁抱，一般人還是會用手臂來展現熱情，而這麼做也容易增加別人產生好感的機會。初次接近陌生人時，你可以試著讓手臂放鬆來展現熱情，最好讓手臂內側暴露在外，甚至讓你的手掌清晰可見，這是一種非常有效的方式，可以散發「哈囉，我不會造成任何傷害」的訊息給對方的腦緣系統。這是一種讓對方安心的有效方法，有助於之後的一切互動。

在拉丁美洲，輕擁（abrazo，短暫的擁抱）是男性之間的文化之一，也是表達「我喜歡你」的方式之一。輕輕擁抱時，胸部要靠在一起，手臂環住對方的背部。我知道很多人不願意這麼做，要不就是做的時候覺得很尷尬，我曾見過，到了拉丁美洲的美國商人婉拒給人輕擁，要不然就是輕擁時顯得好像在和阿嬤跳舞似的。我的建議是，要做就把它做對，否則就顯得沒有誠意。學會真正的輕擁，就像學會正確的握手方式又能做得很自然，如果你要經商旅行，到了拉丁美洲但沒辦法學會這套與人親近的問候方式，就會被視為冷漠、無情。一個簡單的動作可以產生這麼多的善意，而且讓你討人喜歡，實在沒必要堅持拒絕抱抱一個新朋友（見案例三四）。

## 案例34：是摟抱還是搜身？

多年前在佛羅里達州坦帕（Tampa, Florida）的一場間諜案審判中，辯方律師要我上證人席，打算讓我難堪出醜，他有些挖苦的問：「納瓦羅先生，每次你遇到我的客戶，也就是被告，都會對他摟摟抱抱（hug），這是真的嗎？」我當時回答道：「律師，那不是摟摟抱抱，那是輕擁（abrazo），這中間有差異的。」我誇張的停頓一秒，然後繼續説：「這也給我一個機會，看看你的客戶有沒有帶武器，因為他曾經搶過銀行。」大吃一驚的辯護律師當場就停止了這一串挑釁式的問話，因為他並不知道他的客戶以前曾經持槍搶劫銀行。

有趣的是，這個擁抱的故事被報紙拿來報導，好像坦帕和伊伯市（Ybor City）這個滿是拉美裔人士居住的地方，當地的人從來沒做過輕擁這動作似的。那次審判後，這位律師和我成了往來密切的朋友，而他現在是聯邦法官。在將近二十年後，我們還是會拿這個「輕擁事件」來開玩笑。

## 手肘與肩膀之間的玄機

手臂能夠傳達很多的訊息，可以用來解讀他人的意圖與感受。我認為，碰觸對方的手臂是和人建立融洽關係的最好方式之一，就是碰觸約莫介於手肘與肩膀之間的位置。當然，在你進行之前，最好明白對方本身與文化背景，是不是主張非禮勿動。但是一般來說，短暫碰觸我方才所說的手肘與肩膀之間，通常是人類進行初步接觸，讓對方知道你很好親近、也很安全的理想部位。在地中海地區、南美洲、以及阿拉伯世界，碰觸是溝通及社會和諧的重要成分。如果在你旅行時有人碰觸你的手臂，假設他們的動作像我之前描述的那樣守本分，你不必震驚、意外、或覺得受威脅，那是他們表示「我沒有問題」的一種重要方式。事實上，人類的碰觸與溝通息息相關，如果人與人之間沒有碰觸，你反而該擔心、且要猜想其中原因了。

# 第6章

# 穿透你的手勢的我的眼

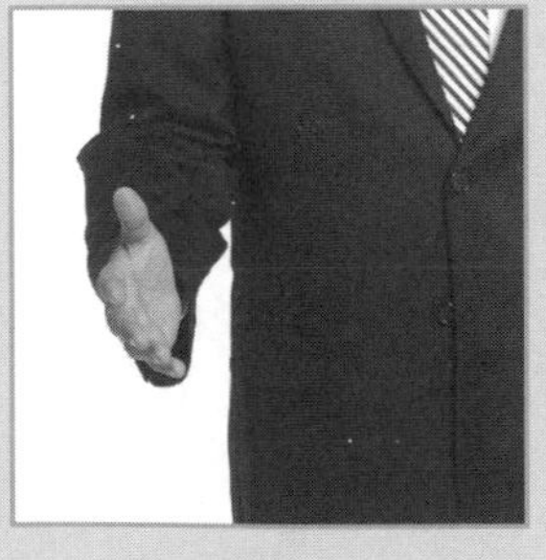

在所有的動物當中，人類的雙手是獨一無二的，不光是雙手所能完成的事情，雙手的溝通方式更是任何動物都做不到的。雙手可以畫出西斯汀禮拜堂（Sistine Chapel）、彈吉他、操作手術儀器、雕出大衛像、鑄鐵、還有寫詩。雙手可以抓、搔、戳、捶、摸、感覺、判斷、握、並能塑造周遭的一切。我們的雙手非常具有表達能力；可以為聾人打手語、幫忙說故事、或透露出我們內心最深處的想法。沒有其他動物擁有功能如此多元的器官。

雙手可以執行非常精細的動作，因此可以反映出大腦非常細微的變化差異。理解手部行為，對於解讀非言語行為來說非常重要，因為雙手所做的一切，幾乎沒有一件不是由大腦指揮——無論是有意識的還是無意識的。儘管人類經過幾百萬年來的演化學會了口語，大腦還是根深柢固的會採用雙手來傳達細膩的情緒、想法、與感受。手勢，是幫助我們了解他人想法與感覺的豐富非言語行為來源。

## 高度關注卻經常疏漏

不只別人的雙手會對我們傳達（或洩漏）重要資訊，我們自己的手部動作也會影響別人對我們的觀感。使用雙手的方式，以及從別人手部行為得知的訊息，構成了相當大部分的人際關係互動。

人類大腦天生具有察覺最細微的手部與手指動作的功能。事實上，相較於身體的其他部分，大腦對手腕、手掌、手指、與雙手投注了不成比例的高度注意力。

從演化的觀點來看，這很合理。隨著人類採取直立姿勢而且大腦變得愈來愈大，雙手也愈來愈靈巧、更具表達能力、也更危險。為了求生，人類要能迅速評估彼此的手，了解雙手所表達的意義，是否有不友善的預兆（像是手持武器）。我們的大腦天生就會關注雙手，因此成功的藝人、魔術師與偉大的演說家都會善加利用這種現象，讓演出更令人興奮，要不就是轉移我們的注意力（見案例三五）。

一般人對於印象深刻的手部動作會起正面反應。如果你希望強化影響力、成為一個具說服力的說話者，不管是在家裡、在工作上、甚至在友人之間的影響力，你得試試看利用手部動作來表達更多意義。某些人天生就很會運用讓人印象深刻的手部溝通，是一種不需要思索或訓練的天賦；但是對其他人來說，這種本事得全心投入和訓練。

## 隱藏雙手會留下壞印象

如果你說話時別人看不到你的手，可能會對你產生猜疑。記得，在與別人面對面溝通時，一定要確定你的雙手能夠讓對方看得見。如果你曾經和一個雙手放在桌子底下的人說

### 案例35：用手溝通，小兵變魔頭

大部分成功的演說家都善於利用有力的手部動作。遺憾的是，關於利用手勢來改善溝通技巧的案例中，我所能舉出的最佳例子就是希特勒。第一次世界大戰時的小兵、賀卡畫家、聲望不高，希特勒根本不具備一個有天賦的演說家通常會具備的先決條件或台風。但希特勒自行在鏡子前面練習演說，他甚至拍攝自己練習手勢的畫面，琢磨出具有戲劇渲染力的演說風格。一個邪惡的人透過雄辯之才而聲望如日中天，成為第三帝國（Third Reich）的領袖。目前檔案中還留有希特勒練習手勢的部分影片，可以證明他如何利用雙手來吸引並控制觀眾，成為非凡演說家的過程。

過話，我想你就能體會，這樣的對話感覺有多不自在（見案例三六）。當我們親身與別人互動時，會希望看到他們的雙手，因為演化過程讓大腦視雙手為溝通過程不可或缺的一部分。當雙手離開視線或沒有顯露太多訊息時，會降低理解的品質以及所傳達資訊的誠實度。

## 別說你懂握手

握手通常是我們與另外一個人第一次、也可能是唯一一次的肢體接觸。怎麼做，包括力道與持續的時間，會影響到我們所問候的人對我們的看法。我們都會記得某個握過手，但讓我們對他或對當時情況留下不舒服感覺的人，別忽視握手製造印象的力量。

## 案例36：桌上、桌下的實話實驗

多年前，我在三個班級進行過一次非正式的研究。我讓學生彼此面對面談話，要求一半的學生在談話時將手放在書桌底下，而另外一半則讓對方看到雙手。15分鐘的面對面談話之後，我們發現手放在書桌底下的人，普遍會讓那些與他們談話的人認為，不自在、內向害羞、退縮、鬼祟、或甚至會騙人。那些雙手放在書桌上清楚可見的人，則被認為比較坦率且友善，而且沒有人被認為會騙人。這不是一個非常科學的實驗，但相當有啟發性。

對進行陪審團做研究的那次，有個現象非常引人注意，就是陪審員很討厭律師站在講台後面。陪審員希望看到律師的雙手，這樣他們才能更精確的判斷律師所做的陳述。陪審員也不喜歡證人把手藏起來；他們對這樣的行為沒好感，認為這個證人一定有所保留，或甚至可能在説謊。儘管這些行為跟欺騙本身無關，但是陪審員的觀感卻事關重大，提醒我們應該避免在説話時把手藏起來。

走遍全球，用手和人打招呼非常普遍，不過文化差異會影響到用手打招呼的方式、時間多長、力道多大等的差別。當我第一次負笈猶他州的楊百翰大學唸書時，有人介紹我認識楊百翰學生所謂的「摩門式握手（Mormon handshake）」。那是一種非常有力又很長的握手方式，不僅在大學生之間，還有耶穌基督末世聖徒教會

（俗稱摩門教）成員之間廣泛使用。我注意到尤其是外國學生，常常被這種有些過度熱情的握手方式嚇一大跳，因為不同文化背景的人，特別是拉丁美洲，握手是溫和的（有些拉丁民族比較喜歡輕輕擁抱）。

既然握手常常是兩個人真正接觸的第一遭，對他們的關係來說，握手可能是決定性的一刻。除了迎接和問候，有些人也會用握手來建立優勢地位。一九八〇年代，有很多文章描寫要如何利用握手來確立支配與優勢立場，以確保你的手永遠在上方。真是浪費精力！

我不建議用握手來搶奪主控地位，因為我們的目的是與人見面時留下好印象，而不是壞印象。如果你覺得有必要確立主導地位，利用雙手也不是恰當的方法；有其他更有力的手段，好比侵犯空間以及眼神凝視，比握手來得細膩。

我曾經和企圖以問候建立主導地位的人握手，總是留下不好的感覺。他們並沒有成功的讓我覺得我比較低下，反而是覺得這傢伙讓我覺得不舒服。還有人在握手時，老是要用他們的食指去碰你的手腕內側，如果你在握手時遇到這種狀況而覺得不舒服，不要意外，因為大多數人都會覺得不舒服。

還有一種讓人不舒服的握手方式，就是所謂的「政客式握手」，也就是對方用左手覆蓋在你們交握的兩隻手上方，多半的人會覺得不舒服。我猜政客認為這種雙手並用的手勢會讓人感覺比較友善，卻不知道多數人不喜歡這樣被人碰觸。我知道有人（大多是男性）

## 案例37：手拉手訴真情

當我被分派到FBI的曼哈頓辦公室時，我和一位從保加利亞逃出來的線民合作。那是位年紀較長的男士，而且我們後來漸漸變成朋友。我記得有一個午後在他家喝茶，我們坐在長沙發上，在他對我說起在鐵幕後的工作與生活時，拉起我的左手就這樣握著，差不多有半個小時。在他談到蘇聯壓迫下的生活時，我可以感覺到這次的碰面，心理治療的意義大於工作。

顯然，握著另一個人的手，讓這位男士感到很大的愉悅與寬慰。這種行為代表他對我的信任，已經遠遠不只是FBI例行性聽取前情報官員的報告。我接納他的手，這個行為反應非常能夠引導他吐露額外的消息，這是非常重要的情資。我想，如果我因為排斥碰觸或握住一個男人的手而將手抽走，我就不會得到這麼多有價值的情報了。

堅持要這樣握手，但他們不知道最後卻讓被問候的人留下不好的感覺。顯然，你應該避免做出這種令人不舒服的握手方式，除非你想要疏遠某人。

對西方人來說可能很陌生，但在許多文化中，男性也會牽手，這在穆斯林世界以及亞洲非常普遍，特別是越南和寮國。美國的男性通常對彼此牽手會覺得不自在，因為除了童年時期，也許還有特定的宗教儀式當中，這在西方人的文化當中並不常見。

當我在聯邦調查局學院（FBI Academy）教書時，我請年輕的探員們站起來彼此握手。他們做起來沒有問題，即使是要求他們握手時間拉長也一樣。不過，當我要求他們肩並肩地手拉手，很快就出現嘲笑和反對聲音；他們對這個想法感到畏縮，而且非常躊躇遲疑。於是我提醒這些新探員，我們要面對來自許多文化的人，而這些人通常是用牽著我們的手來顯示他們的自在程度。這是我們必須學習接受的，特別是在面對來自其他國家的人力資產——線民時（見案例三七）。

許多文化背景的人都會利用碰觸來鞏固人與人之間的好感，美國人並不普遍這麼做。保加利亞老先生的故事不僅顯示出文化差異，還說明了肢體接觸對於人類的重要性。在人際關係當中，無論是男性之間、女性之間、親子間或是情人之間，**擁有肢體接觸並藉此判斷關係狀況是非常重要的。關係惡化或有危機，徵兆之一就是碰觸的數量突然減少。**

如果你要去海外旅遊，最好先了解你要拜訪國家的文化習俗，尤其是關於問候招呼。如果有人和你握手軟弱無力，你不要回他一副不以為然的表情。如果有人拉你的手臂，不要畏縮。如果你在中東，新朋友想牽你的手，你就要牽著。如果你是到俄羅斯參觀的男性，當男主人親吻你的臉頰而不是握你的手時，不要驚訝。這些問候方式全都和握手一樣，都是表達由衷感受的自然方式。一位阿拉伯或亞洲男性要拉我的手，我會覺得光榮，因為我知道那是一種高度尊重與信任的象徵。

## 會冒犯別人的手勢

用指尖對著人，幾乎不管是哪個國家的人都會視為最討厭的手勢之一。研究顯示，大多數人不喜歡被別人用手指指著（見圖46.）。在學校和在監獄一樣，用指尖瞄準別人，通常是打架的前兆。父母親在和小孩說話時，也要避免一邊指著孩子，一邊說些類似「我知道你……」的話。指尖瞄準令人如此討厭，可能讓小孩思索這些手勢所代表的不友善訊息，反而將注意力從正在討論的事情上移開（見案例三八）。

以手指指向他人，只是用手或手指所做的諸多冒犯他人的行為之一。有些手指冒犯行為已經不需要解釋，例如「比中指」。這裡要特別提一下「對著某人彈手指」，這也是相當粗魯無禮的，千萬別以你用來叫狗的手勢，來引起別人的注意。二〇〇五年針對麥可・傑克森（Michael Jackson）的審判中，陪審員就很不爽其中一名受害者母親對著陪審團彈手指的行為，這個行為負面的效果有多大，看審判結果可以略知一二。

如果你有興趣進一步閱讀有關手勢的名著，我非常推薦德斯蒙德・莫里斯（Desmond Morris）的《身體說》（*Bodytalk*），以及羅傑・艾克斯特（Roger E. Axtell）的《肢體語言之有禮與非禮》（*Gestures: The Do's and Taboos of Body Language Around the World*）。這兩本好書會讓你對全世界手勢的多樣性，以及雙手表達了多少人類情感，大開眼界。

圖 46.

用指尖指人，或許是最令人討厭的手勢之一，全球皆然。

## 當眾補妝OK嗎？

當我們對自己的外觀有些擔心時，會用手指來整理衣著、頭髮、與身體。在戀愛期間，人類打扮的動作會增加——不只對自己的外表，也會為伴侶梳理。親密的關係容許愛人溫柔的拿掉她男伴袖子上的小線頭，而他可能輕輕的撣掉她嘴角的食物碎屑。這些行為也會出現在母親與小孩之間，不只是人類，其他哺乳類動物及鳥類也會這麼做，這代表關愛與親密關係。觀察關係深淺時，伴侶之間互相打理的次數是理想的指標，可以衡量融洽程度以及容許的親密程度。

但是，整理儀容也可能造成負面觀感。例如，在應該要傾聽別人說話的時候，卻自顧自、無視他人存在的整理儀容，是沒有禮貌且不尊重人的（見一八二頁圖47.）。此外，有

### 案例38：不、要、用、手、指、著、我

針對焦點團體（focus groups，一群意見很具有代表性的人）的研究顯示，檢察官在開審陳述中要用食指指向被告時，必須非常小心。陪審員不喜歡看到這種行為，因為就他們看來，檢察官在證明被告犯行之前，沒有權力這麼指著人。手打開、手心向上伸向被告的手勢，會比用手指指人要好得多。

一旦案件成立，檢察官在結辯陳詞中，就可以用食指指向被告。這種叮嚀可能看起來很瑣碎，但是，數十份針對模擬陪審員的調查都顯示，他們非常介意這一點。我會直接告訴檢察官，在法庭上不要用手指指人；至於我們，也不該用手指指著配偶或小孩，對工作上的同事也不可以。用手指指人就是惹人厭。

些打扮動作在公開場合會比其他動作更為社會所接受，在公車上挑掉毛衣上的線頭是可接受的，但是在公開場合剪指甲就是另外一回事了。再者，某種文化背景下一般人可接受的公開梳理行為，在另一個環境下可能就不然了（好比飯後補妝）。如果兩個人的關係還沒有親密到可以讓其中一人出手整理另外一人的外表，這麼做也是不恰當的。

## 從雙手看出滄桑

觀察雙手，有時候可以判斷對方的職業或從事什麼活

圖 47.

打理自己的儀容是可以接受的，但是不能在其他人對你說話的時候。這是一種藐視輕忽的表示。

動。從事勞力工作的人，雙手會有粗糙、起硬繭的表面。傷疤或許暗示在田裡幹活，或是在運動場上受到傷害。站立時，雙手垂在兩側而手指彎曲，或許是暗示先前的軍旅生涯。吉他手可能一隻手的指尖上有硬繭。

雙手也能顯示出我們有多愛惜自己，以及我們怎麼看待社會成規。手可能受到良好的照料、也可能不乾淨，指甲可能修剪整齊、也可能參差不齊。男性留長指甲看起來不是怪異、就是女性化，而一般人通常會把咬指甲解釋為緊張或沒有安全感（見圖48.）。人類的大腦就是會關注雙手，因此你應該投注更多心力來關注手部衛生，因為別人會從你的雙手判斷你。

## 如何處理出汗的雙手

沒有人會喜歡握著一隻潮濕的手，我建議手會出汗的人在和別人接觸時，尤其像是面對未來的雇主、未來的親家、或者地位足以對你施惠的人之類重要人物時，要在打算握手之前先把手擦乾。手汗不僅會出現在太熱的時候，也會發生在緊張或承受壓力時，接觸到有手汗的人，你可以假定他正承受壓力，因為壓力啟動了邊緣系統導致不自主的出汗。利用這個機會，不動聲色的幫助對方平靜下來，可以幫你在人際關係上加分，也可以讓互動更為坦誠、有效。

有些人誤以為如果手心出汗，一定就是在說謊。這根本不正確。邊緣系統產生靜止、逃跑或奮戰反應時，所啟動的神經系統是交感神經系統，同樣也掌管著我們的汗腺。接觸陌生人這麼簡單的事情都可能導致手汗，那麼這種現象就絕對不能推斷為欺騙的象徵。有將近

圖 48.

咬指甲通常被認為是缺乏安全感或緊張的訊號。

五％的人會大量出汗，而且習慣性出汗會出現在手心，稱之為多汗症。手心出汗並不表示欺騙，那只是意味著壓力，或者一種遺傳小毛病。在評斷手部潮濕的原因時要謹慎，雖然有些資料認為，手心出汗的人在說謊，其實並不正確。

到目前為止，我們已經討論過手部的行為與外觀，會影響別人怎麼看待我們。現在，我們要檢視手部的一些非言語行為，以幫助我們解讀別人的想法與感覺。首先我要告訴你，雙手如何透露訊息，接著告訴你哪些手部行為洩漏了信心程度高低。

## 雙手呈現的焦躁

控制雙手與手指的肌肉，是為了執行精巧的動作。邊緣系統受到刺激，或是我們受到壓力而緊張時，會出現大量的神經傳導素以及諸如腎上腺素等荷爾蒙，導致雙手出現無法控制的顫抖。在聽到、看到、或想到一些不利的消息時，雙手也會發抖。手裡若握有東西，可能會放大這種發抖的動作，傳遞出這樣的訊息：「我正承受著壓力」（見案例三九）。手發抖的行為，在拿著長形物體時，例如鉛筆、香菸或體積相對較大但重量較輕的東西，例如一張紙，尤其容易引起注意。造成緊張狀況的言詞或事件出現後，這個物體會馬上跟著開始搖晃或顫抖。

## 案例39：無風不起浪、抖菸必有因

我以前辦過一件重大間諜案，調查期間，我偵訊一個關係人，而他點燃一根菸開始抽。我沒有實質的線索顯示他與案件有關聯，沒有目擊證人、沒有重要線索，只有誰可能參與的模糊想法。偵訊中，我提起許多FBI以及軍團目前所關注的人名。每當我提到一個叫康拉德的人名時，這個人手上的香菸就會像測謊器的指針一樣：抖一下。為了明白這到底是偶發事件、還是另有意義，我又提到其他名字來測試他的反應：菸動也不動。但是在四個不同的場合下，我提到康拉德，這個人的香菸就會一再抖動。

對我來說，這足以證明受訊問者和康拉德之間的關係，超過我們所知。搖晃香菸是邊緣系統對威脅的反應，這也是在對我暗示，提到這個名字讓偵訊對象覺得有些危險；他要不是可能知道些不法情事，就是直接涉入案件。

在對偵訊對象初次訊問時，我並不知道他到底是不是真的參與犯罪。坦白說，我對案件的了解不夠多，唯一促使我們繼續調查並進行其他偵訊的原因，就是他對一個名字出現「手發抖」的反應。或許要不是這個行為，他就逃過法律制裁了。最後，在經過長達一年的多次傳喚偵訊，他坦承參與康拉德的間諜活動，最後並和盤托出他的罪行。

正面的情緒也可能使雙手開始抖動，不管是拿著一張中獎的樂透彩券，還是在撲克牌比賽中拿到一手好牌。真的很激動時，雙手會顫抖，有時候是無法控制的一直抖，這是邊緣系統啟動的反應。在機場裡，當父母親、配偶、以及家人見到返鄉的親人時，手通常會因為興奮而顫抖。他們可能會抓握住別人的手，或是將手縮到腋下、或雙手在胸前緊扣，以壓抑雙手顫動。偶像明星、樂團出現時，你可以看到機場接機的年輕女孩們緊握雙手，以對抗伴隨極度興奮而來的顫抖。

顯然，你必須先將「手顫抖」這個行為放在整體背景之中，檢視行為發生的環境，以判斷到底是因為害怕還是高興。如果手發抖伴隨出現安撫的動作，比方碰觸脖子或緊閉雙唇，我很可能會懷疑發抖是與壓力有關（負面的事情），而不是正面的原因。

應該要留意的是，**手顫抖只有在代表一個人的正常手部動作出現變化時，才與非言語溝通有關係**，如果一個人的手老是在發抖，像是喝了太多咖啡或是藥物酒精成癮，顫抖的現象雖然透露些訊息，但其實已經構成這個人的非言語行為基準。同樣的，患有某種神經系統疾病如帕金森氏症的人，手顫抖可能並不代表他們的情緒狀態。事實上，這樣的人如果突然有陣子停止顫動，可能表示他力圖更專注在甫提及的特定主題上。記住，行為出現變化才是最具重要意義的。

任何發抖行為若是突然開始或突然停止，或者與基準行為有顯著差異時，值得更進一步仔細觀察。要考量顫抖出現的環境背景、發生的時間、以及有無任何其他暗示足以支持我們做特定的解釋，這樣就能提高正確解讀一個人的能力。

## 信心高昂的手部動作

好幾種手部行為與信心有關，讓我們知道這個人感覺良好，對於當下狀況覺得非常自在。

### 塔狀手與手指交錯

雙手指尖相抵成塔狀（hand steepling），或許是顯示高度信心的最明顯有力暗示（見圖49.）。這個動作是雙手的指尖張開、互相碰觸，出現類似「祈禱之手」（praying hands），但是手指並沒有相扣，而且手心也沒有碰觸到。被稱為塔狀手是因為雙手看起來像是教堂尖塔的頂端。在美國，女性擺出塔狀手的位置通常比較低，可能在腰部，使得這個行為比較難被注意到。男性形成塔狀手的通常位置比較高，在胸部的高度，讓這個動作比較明顯也更強而有力。

**塔狀手表示你對自己的想法或地位有信心**。這動作可以讓別人明確的知道你對某件事

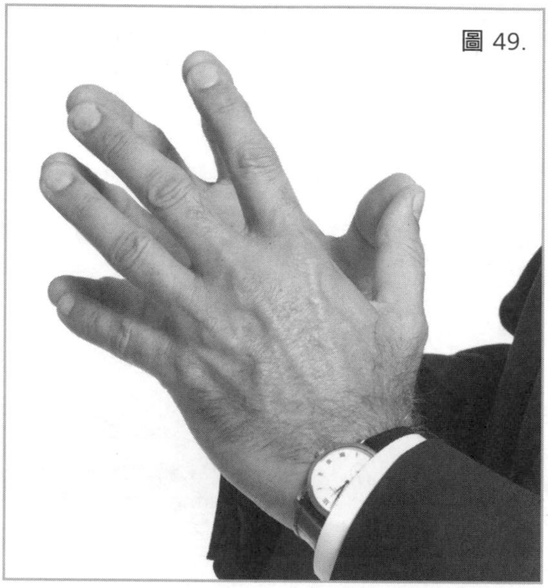


指尖對指尖的塔狀手，是展現「深具信心」的最強而有力行為方式之一。

情的想法，以及你對自己的觀點有多堅持（見案例四〇）。身分地位高的人，像是律師、法官、醫生，通常會把塔狀手當成日常例行行為的一部分，因為他們對自己、還有自己的身分地位有信心。

每個人都會出現塔狀手，但表現的程度不一，方式也各異。有些人會一直做這個動作；有些人很少做；其他人則會做出轉化過的塔狀手，例如只有伸出兩手的食指與拇指相抵，其他的手指則相扣。有些是在桌子底下做；其他人則是在身體正面的高處；有些人甚至會出現在頭部上方。

對於不清楚塔狀手所具有的強烈意義的人而言，他們做出的塔狀手反應行為，可能會持續相當長的一段時間，尤其情勢如果一直對他們有利的話。即使清楚塔狀手所暗示意義

## 案例40：證人的雙手

我研究過塔狀手在各種社交場景下的影響，從而證明了非言語行為的力量。例如，塔狀手在法庭作證時非常有幫助，在訓練專業證人時特別推廣使用。證人應該用塔狀手來強調論點，或暗示對自己所說的話有高度信心。這麼做，會使他們的證詞在陪審團看來，比只是把手放在膝蓋上或是手指交錯更為有力。

有趣的是，檢察官在證人作證時若擺出塔狀手，會提高證詞的價值，因為檢察官看起來對證人的說詞信心滿滿。陪審員若看到證人手指交錯或雙手緊握，通常會把這種行為聯想到緊張，或常常聯想到欺騙。要注意，誠實與不誠實的人都會表現出這種行為，所以不應該不假思索的聯想到說謊。

建議在作證時，應該雙手相抵，要不就將雙手交握成杯狀，就是不要手指交錯，因為這些手勢被認為比較權威、比較有信心、也比較真誠。

的人，也很難隱藏這個動作。對這些人來說，邊緣系統讓這個動作變成一種自動反應，因此難以壓抑塔狀手，特別是當這個人在興奮時，會忘了去監控並抑制這個反應。

情勢可能會迅速變化，改變了我們對事與人的反應。出現急轉直下的狀況時，我們會在毫秒之內從高度信心的塔狀手，轉變為信心低落的手勢。當我們信心動搖或是心裡出現懷疑時，雙手相抵的手指可能就會交錯相扣成

圖 50.

雙手緊握是我們緊張或擔憂的普遍動作。

祈禱的樣子（見圖50.）。這種非言語行為的改變是立即發生的，而且非常精準的反映、說明我們對變化中的事件，內心在當下的反應。一個人可能會從塔狀手的高度信心，到手指交錯相扣的信心低落，然後又回到塔狀手的高度信心，立即反映出自信與懷疑的起伏變化。

你也可以利用控制合宜的塔狀手動作與手的姿勢，產生正面的影響。塔狀手是應該學習的有用動作，演說家與業務員應該常常用這個動作來強調重點，任何人想要傳達重點時也一樣。被未來的雇主面試、在會議中簡報資料、或者只是和朋友討論事情時，塔狀手勢可以代表信心。

在專業會議中，我常看到女性在桌子底下或非常低的位置擺出塔狀手，削弱了她們真正具備的信心。她們應該了解塔狀手所象徵的自信、能力與信心，這是大部分人希望被認為具備的特點，未來能看到更多女性採用這個手勢，而且是在桌面上展現出來。

## 大拇指反映信心指數

很有趣的是，口頭言語有時候像鏡子一樣立刻反射非言語行為。當影評人給一部電影豎起兩根大拇指時，表示他們對影片品質的信心。豎起大拇指的非言語信號幾乎都在意謂著高度信心，而這也與高身分地位有關。看看甘迺迪總統的照片，注意他常常把手放在外套口袋，大拇指卻突出在外（見圖51.）。他的弟弟羅伯．甘迺迪也是一樣。

律師、大學教授、還有醫生等人，常常可以看見他們用手抓著衣服上的翻領時，大拇指伸出來在半空中。有一家馳名全美的時尚與攝影連鎖公司總是讓女性在照相時，至少用一隻手抓著衣領、大拇指往外伸。這家公司的行銷團隊顯然也知道，豎起拇指是一種高度信心或高身分地位的象徵。

圖 51.

此動作常見於身分地位高的人，大拇指從口袋裡伸出來是一種高度信心的展現。

圖 52.

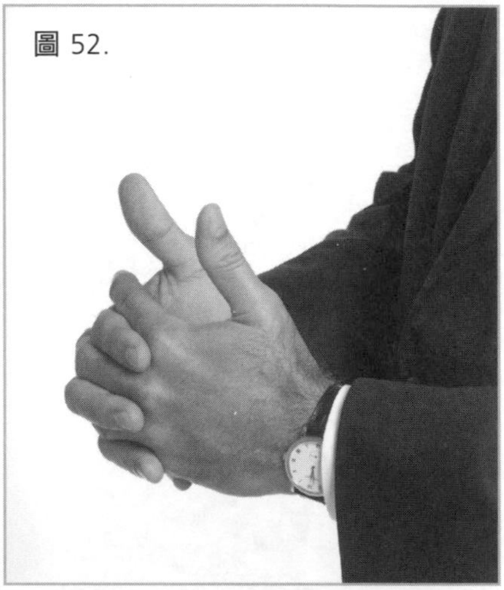

大拇指向上，通常是表示正面想法的一種可靠暗示。談話過程中通常會一直變化。

圖 53.

如果不需要加強語氣或情緒變差，大拇指可能會像這樣突然藏起來。

當人把拇指豎起來時，表示他們對自己有高度評價、對自己的想法或當下情勢有信心（見圖52.、53.）。**豎起拇指**是另外一種對抗地心引力的姿勢，一種通常**會聯想到自在與高度信心的非言語行為**。通常，手指交錯相扣是信心低落的手勢，除非大拇指筆直向上伸。

已經有研究指出，會做出大拇指動作的人，通常對周遭環境比較有警覺性，想法較敏銳、觀察也更銳利。你不妨觀察那些會表現出大拇指動作的人，注意他們是否符合這樣的描述。通常，人不會老是擺出大拇指向上的姿勢，因此當有人這麼做時，就可以相當肯定這是一種表示正面感受的行為。

信心低落的感覺，在一個人（通常是

男性）把拇指放進口袋，而讓其他手指垂在兩側時（見圖54.），可以看出端倪。尤其是在職場上，這個暗示是在說：「我對自己非常沒有把握。」身為領導人或是握有主導權者，在工作或行動時不會表現出這種行為。身分地位高的人放鬆休息時，可能會很短暫的出現這種行為，但在「工作狀態」時絕對不會。這差不多都被當成信心低落或身分地位低的行為表現。

大拇指的行為非常精確，有助於有效判斷誰對自己的感覺良好、誰的內心在掙扎。我看過有人在簡報時，中間不時做出塔狀手，但是當聽眾提出演說中的一個錯誤時，簡報者的大拇指就縮進口袋裡。這個行為所傳達的是，某人從信心高昂非常迅速的轉變為信心低落（見案例四一）。

## 框住生殖器

男性有時候會無意識的用大拇指鉤在腰帶內側靠近拉鍊的兩

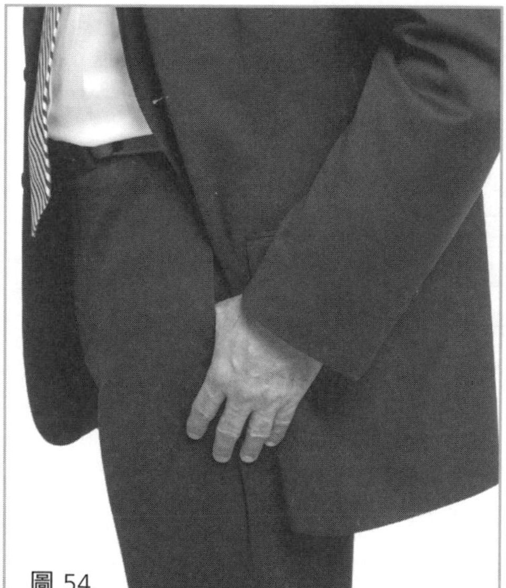

圖 54.

大拇指放在口袋裡，表示身分地位與信心低落。大權在握的人應該避免這種行為，因為會傳遞錯誤的訊息。

### 案例41：大拇指擺哪才對？

我在哥倫比亞波哥大住進一家世界知名的飯店時，飯店總經理跟我閒聊到他不久前剛雇用了一批新的飯店守衛，雖然他沒辦法說得清楚，但是他們身上就是有種東西是他不喜歡的。他知道我曾在FBI擔任過執法人員，所以問我能不能找出他的新員工身上有什麼令人不舒服的地方。

我們到外面守衛站崗的地方走走，很快的掃視一番。總經理表示，雖然他們穿著新制服、靴子發亮，但就是不對勁。我同意制服看起來頗專業，但我指出，這些菜鳥守衛站立時大拇指放在口袋裡，以致於看起來軟弱又無能。起初，總經理似乎沒辦法理解我所說的話，後來我要他自己試著做這個姿勢。他馬上就說：「你說得對。他們看起來像是等著媽媽告訴他要做什麼的小孩。」

隔天，那些守衛就被示範要怎麼站、看起來才權威可靠：雙手要放在背後、下巴朝上，卻不會看起來像是在威脅客人。見微知著，在這個故事裡，看不到的大拇指變成信心低落的重大證據，這完全不是你希望在保安人員身上看到的，特別是在哥倫比亞的波哥大。

自己做個實驗。站著，大拇指放在口袋裡，然後問別人對你這樣的站相有什麼看法。他們的評語會證明，這個姿勢投射出不討喜又軟弱的態度。你絕對不會看到總統候選人或是國家領導人把大拇指放在口袋裡，這種行為在有自信的人身上是看不到的（見圖55.）。

邊，不是為了把褲子往上提，就是這麼讓大拇指掛在那兒，而其他垂下來的手指就框住他們的生殖器（見圖56.）。框住生殖器（genital framing）是一種非常具有支配意味的強烈動作。基本上，這是在說：「看看我，我是個強壯的男人。」

在開始寫這本書不久後，我在維吉尼亞州寬堤科（Quantico, Virginia）的FBI總部上課時，討論到這個非言語行為。學生們當場嗤之以鼻，說沒有

圖 55.

通常用來暗示缺乏安全感或不安的手勢，大拇指放在口袋裡輕易的就傳達出這種訊息，應該避免。

圖 56.

用雙手框住生殖器常見於戀愛期間的年輕男女。這是一種支配主導的表現。

男人會、尤其是無意識的如此公然炫耀自己的性能力。就在隔天，一名學生在課堂上告訴全班說，他在化妝室看到某某同學，站在鏡子前面整理儀容，戴上太陽眼鏡，就在這位同學得意洋洋的走出化妝室之前，做出了框住生殖器的動作。我確定這個同學甚至沒有想到他在做什麼。事實上，框住生殖器發生的頻率比我們想像的還要高，不是只有在音樂錄影帶才看得到！

## 信心低落或緊張時的手

信心低落的行為表現正好和高度信心的動作相反。這些行為反映出大腦中的不安、缺乏安全感、以及缺乏自信。信心低落的行為也應該要引起我們的警覺：這個人正遭遇負面情緒，可能是身處不安的情境、可能是自我懷疑或抑制信心的想法所造成的。

### 靜止的手透露更多

研究告訴我們，說謊的人通常比誠實的人手勢比較少、較少去觸碰、也較少移動手臂和腿部。這與邊緣系統的反應一致。在面對威脅——這裡指的是謊言被拆穿的威脅，我們會減少動作或靜止，以免引來注意。這種行為通常在談話中相當容易看到，因為一個人在說謊時，手臂會變得壓抑，說實話時則生動有活力。這樣的變化是由邊緣系統控制，而非思考的腦，因此比說出口的話更可靠、有幫助；手勢顯示說話者心裡面真正的想法（見案例四二）。要留意突然抑制住的手和手臂動作，這些動作透露了很多想法。

## 雙手緊握

一般人要是緊握雙手或手指交錯相扣，尤其在面對評論、事件、環境的變化時，通常代表壓力或信心低落（見圖50.）。這種舉世可見的一般安撫動作，看起來好像是在祈禱——也許他們下意識確實在祈禱。隨著雙手緊握的力道增加，手指的顏色可能會出現變化，因為血液被迫從壓力點推開，而使得這些區域變白。當這種行為出現時，事情顯然變得更糟了。

## 搓揉雙手或摩擦

人在有所懷疑，但還不到信心低落的程度，或是承受輕度壓力時，會兩手輕輕的互相摩擦手心（見圖57.）。但是，如果情況變得更加緊張，或是他的信心程度繼續下降，注意看看：手指輕輕搓揉手心的動作會突然變成手指交錯，比較強烈的互相摩擦（見圖58.）。在我見過最尖銳的審訊中，包括在FBI的審訊，以及在國會作證，交錯相扣的手指在在

### 案例42：媽媽，妳手勢太少了

說謊的人手勢通常比較沒那麼生動有力，這是為什麼一位少婦告訴警察，她六個月大的兒子在坦帕的沃爾瑪百貨（Wal-Mart）被偷抱走時，我不採信的理由。這位少婦在描述過程時，我從錄影監控室觀察她，我告訴調查人員說，我完全不相信她的話，她的舉止太壓抑了。一般人在說實話時，會竭盡全力要讓你了解，他們會用上手臂和臉部來表達，而且表情非常豐富。這個報案人卻不然。

若是一個充滿愛心而心煩意亂的母親，在重述可怕的綁架事件時，一定會伴隨著真情流露、熱切的動作。少了這樣的表現讓我們提高警覺。最後這位少婦坦承，其實她把兒子塞到一個塑膠垃圾袋裡面給悶死了。綁架的故事完全是捏造的，邊緣系統的靜止反應在限制她的動作，卻洩露出她在說謊。

顯示出高度煩憂，是非常精準的指標。只要一提到極度棘手敏感的主題，手指就會伸直再交纏在一起，然後雙手開始上下摩擦。我想，增加雙手之間的接觸，似乎可以提供大腦更多安撫鎮靜的訊息。

## 摸頸子壓力指數

我在有關手部行為的這一章討論觸摸頸部，因為你可以觀察到，雙手最後就會引導到頸部。一般人在講話時會碰觸脖子（的任何一個

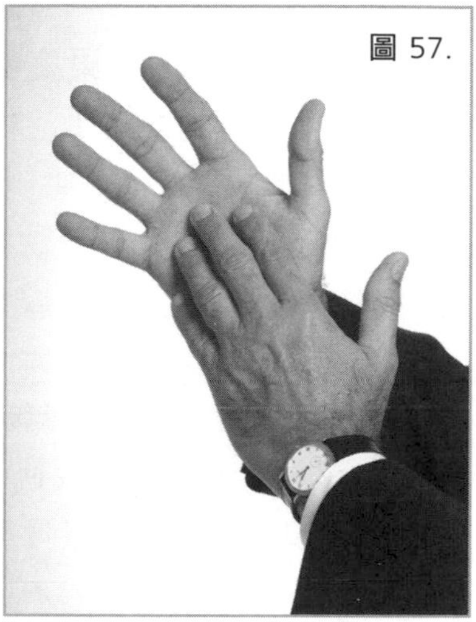

圖 57.

我們通常會用手指搓揉手心、或是雙手互相摩擦，以此平靜焦慮或緊張不安。

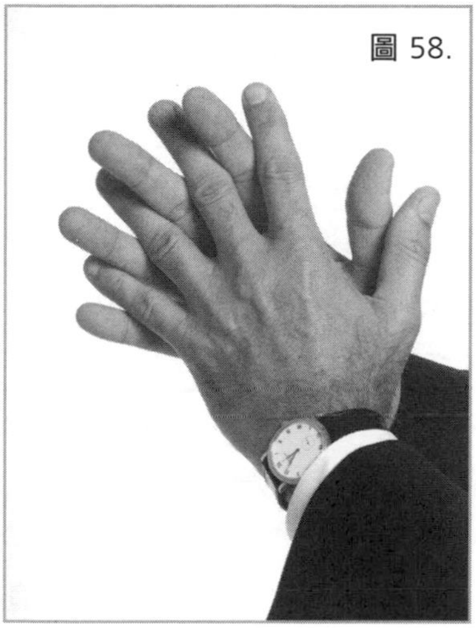

圖 58.

當手指像照片一樣交纏上下摩擦時，是大腦在要求更多的手部接觸，以平復更為嚴重的疑慮或焦慮。

部位）的話，反映出信心程度低於平常，或是正在紓解壓力。緊張時覆蓋脖子部位、喉嚨、胸骨上凹，是一項普遍而有力的指標，顯示大腦積極的處理某件兇險、令人不愉快、使人不安、可疑、或令人激動的事情。這與欺騙無關，雖然詐騙者不安時可能也會表現出這樣的行為。所以，還是將目光放在雙手，當一般人浮現不安與痛苦的感覺時，雙手會舉起來覆蓋或碰觸脖子。

我看過這種行為幾千次了，但是大多數的人並未察覺到這個行為的重要性（見案例四三）。不久前，我和一位朋友在會議室外面閒聊，一位女同事這時走出來，一隻手遮住胸窩，另外一隻手拿著行動電話。我的朋友繼續說話，

### 案例43：果真害怕，妳會摸胸骨

有時候，不遮住脖子也可能是一種洩露實情的線索，表示有哪裡出了差錯。我曾經協助一個地方性的執法機構處理一起疑似強暴的案件。報案表示被攻擊的女性，在五年間總共報過三次不同的強暴案，在統計上來說是不太可能的現象。在觀看她的偵訊錄影帶時，我注意到她說當時有多害怕、多可怕時，顯得不激動、態度甚至有點消極，在述說經過時始終沒有伸手去遮胸骨上凹。

我發現她的「缺乏行為」可疑，於是調查人員指出，這位女士完全沒有表現出痛苦不安的典型跡象。事實上，我調查過其他的強暴案件顯示，受害女性即使是在案發數十年之後，講述案情時仍然會遮住胸骨上凹。

深入調查後，這位冷靜超然的報案人被揭穿，我們這才知道，包括之前所有的指控都是她虛構的，浪費了市政府數千美元公帑，只因為承辦的警察、調查的警探、以及受害者協助單位的關注讓她覺得自己被關心，而充滿活力。

好像沒什麼不對勁似的。拿行動電話的女同事講完電話時，我說：「我們最好去看看她怎麼了，情況不大對勁。」果然，她的一個小孩在學校發高燒，必須盡快趕回家。碰觸脖子是一種非常可靠且精確的行為，值得密切關注。

## 雙手的小動作

小動作（microgesture）出現在一個人試圖壓抑對負面刺激的正常反應，一種非常短暫的非言語行為。在這些情況下，行為愈是反射性且短暫，真實性通常就愈高。例如，假設老闆告訴一個員工，因為有人生病，他得幫忙解決問題，所以這個週末要上班。一聽到這個消息，這個員工的鼻子皺了一下、或是突然短暫出現一抹不自然的微笑。這些表達厭惡的小動作，非常精確的展現出這個人的真實感受。同樣的，雙手也會出現你意想不到的小動作（見案例四四）。

就像所有的非言語行為一樣，手部動作突然改變，代表一個人的想法和感覺突然產生變化。當情人們在交談時，快速的將雙手從對方身上移開，這在暗示剛剛發生了不好的事。縮手可能在幾秒內發生，卻是非常精準表現個人感覺的即時指標。

慢慢縮手也同樣值得留意。不久前，一對從大學時期就有往來的夫婦請我吃飯。飯後我們在餐桌上聊天，聊到財務話題。我的朋友透露他們遇到了財務問題，妻子抱怨「錢似乎就這麼消失不見了」，這時丈夫的雙手慢慢的從桌面上消失。當她說話時，我注意到他緩慢的將雙手縮回來，一直到最後放在膝蓋上。

這種疏遠動作是一種線索，代表心理上的逃跑，通常出現在我們受到威脅時。這個行

### 案例44：各種比中指的方法

保羅．艾克曼（Paul Ekman）在他頗受矚目的著作《說謊：揭穿商場、政治、婚姻的騙局》①中，描述他利用高速照相機，揭露一些小動作如何下意識的表達出一個人的厭惡或真實感覺。艾克曼提到的其中一種小動作就是比中指。在一次我個人擔任觀察員的重大國家安全案件中，一名接受調查的對象在每次司法部的訊問主持者提問題時，就會用中指推眼鏡。其他協同的訊問者審問時，就不會看到他有這種行為。起初，我們並不相信會看到如此清楚針對單一訊問者、這麼明顯而短暫的手勢。所幸，訊問過程會錄影作為呈堂證供（換言之，調查對象希望獲得輕判而同意合作），所以我們可以重複觀看，證實我們所看到的。

更有趣的是，主持訊問者始終沒看到「比中指」的行為，而且當別人告訴他時，他不相信這意味著受調查者對他反感。當事件結束後，受調查者公開嚴詞批評他有多看不起這位主持訊問者，當時相當想要藉由人身攻擊而破壞訊問。

手部的小動作有許多種形式，包括雙手沿著腿往下推，然後在手心摸到膝蓋的那一刻舉起中指。這在男性與女性身上都看得到。同樣，這些小動作出現得非常短暫，可能被其他動作所掩蓋。注意這些行為，如果看到了不可置之不理，最起碼應該從整體背景開始檢驗，這小動作到底是代表敵意、厭惡、蔑視、還是驕傲。

① 《說謊：揭穿商場、政治、婚姻的騙局》（*Telling Lies*），繁體中文版由心靈工坊出版。

為讓我懷疑這個丈夫隱瞞了什麼事。後來我才知道，原來他一直從夫妻的聯名支票帳戶偷錢，來應付他的賭癮，而這個惡習最後也讓他失去了婚姻。他偷偷摸摸提款的犯罪意識，正是他的雙手會從桌上縮回的原因。雖然這個動作是漸進式的變化，但是足以讓我懷疑有問題。

跟手有關最重要的觀察之一，就是留意雙手什麼時候靜止。當雙手停止說明或加強語氣時，通常就是大腦活動出現變化的線索（也許是因為缺乏新指令的投入），也是提高警覺和下判斷的根據。儘管我們曾經提過，壓抑手的動作可能暗示欺騙，但是不要馬上驟下結論。在雙手靜止的當下，你唯一能夠推斷的就是大腦正在傳達不同的感受或想法。這種變化也許只是反映信心降低，或是其他原因導致對於正在談論的事情注意力降低。切記，任何偏離正常的手部行為，不管是增加、減少、或是不尋常的手部行為，都應該思考其中的意義。

## 不會每次都聽使喚，手的實話

大多數的人都會花很多時間研究別人的臉，而沒有充分利用雙手所提供的資訊。人類敏感的雙手不僅會觸摸、感覺周遭，還能反映我們對周遭的感覺。我們坐在銀行員面前，揣想著貸款能不能被批准，於是雙手放在面前、手指交纏像在祈禱，反映出內心的緊張與焦躁。或者，在業務會議上，雙手可能做出塔狀手的姿勢，讓別人得知我們有自信。在提到過去曾經出賣過我們的某個人時，雙手則可能會顫抖。雙手與手指可以提供相當多的重要資訊，只需要觀察，並根據背景環境，就能正確解讀他們的動作。

光從一個碰觸，你就可以知道別人對你有什麼感覺。雙手是傳達我們情感狀態的重要媒介，你可以在非言語的溝通過程中善加利用，也可以反過來靠觀察雙手獲取有關他人的珍貴非言語情報。

# 第 7 章

# 你真會察言觀色嗎？

說到情緒，臉可說是心靈的畫布。我們的感覺會透過一顰、一笑、或介於兩者之間的各種細微差異，巧妙的傳達出來。這是進化而來的恩賜，讓我們有別於其他物種，使我們成為地球上表情最豐富的動物。

我們的臉部表情，最能夠作為四海通行的語言，是人類跨越文化的通用媒介。表情，這種國際性語言從人類出現以來，就被當作實用的溝通工具，幫助缺乏共通語言的人互相了解。

在觀察人的時候，我們可以迅速的判斷一個人是感到意外、有興趣、無聊、疲累、焦慮、還是挫折。看著朋友的臉，我們通常能知道他們是不開心、疑惑、滿足、痛苦、失望、不相信、還是擔心。小孩的表情尤其能讓我們知道他們到底是難過、興奮、茫然還是緊張。我們從來不曾被特別教導該怎麼表現或譯解這些臉部行為，但是我們都知道、會做、會解釋，而且會用來溝通。

人類的臉有可以精確控制嘴巴、嘴唇、眼睛、鼻子、額頭、下巴的各種肌肉，天生就能做出各種豐富的表情。據估計，人類可以做出一萬種以上的不同表情。

這種豐富多變性，使得臉部的非言語非常有感染力、極為有效率，而且在不受干擾的狀況下，也相當誠實。快樂、悲傷、生氣、害怕、意外、厭惡、歡樂、暴怒、羞愧、痛苦和關注，都是眾人皆識的臉部表情。不安的表情不管是出現在嬰兒、小孩、青少年、成年人、還是老人的臉上，全世界都能辨識；同樣的，我們也能夠分辨那些讓我們知道一切都安好的表情。

臉部可以非常真實的表現我們的感覺，卻不見都會誠實的表現出我們的感受。因為我們在某種程度上，可以控制臉部表情，因此能夠戴上一面虛假的外表。從年紀很小開始，我們就被父母親教導，看到不喜歡的食物也不可以扮鬼臉，要不就是在問候某個不喜歡的人時，還是一樣要堆出笑臉。基本上，我們從小被父母長輩教導用臉說謊，因此我們變得非常善於隱藏臉上的真實感受，雖然，偶而會洩露出來。

不過，當我們用臉說謊時，通常會被說是在「表演」；顯然，世界級的演員可以變換許多表情，做出被要求的虛構感覺。遺憾的是，許多人，特別是騙子還有其他傷害更嚴重的掠奪者，也一樣能做到。他們在撒謊、密謀時會裝出虛假的表情，或是透過虛偽的微笑、虛假的眼淚、或是迷惑人的外表，以影響別人的觀感。

臉部表情儘管受到控制，還是可以提供我們饒富意義的洞察力，只是我們必須留意，臉部訊號可能是假裝的，最佳證據必須來自觀察一連串的行為，包括臉部和身體的線索，互相支持或互補。藉由背景環境來判斷臉部行為，並與其他非言語行為比較，才得以幫助我們發現大腦裡在思索的事情。既然大腦通常會用肩膀以上的所有部位，當作表達與溝通的同一畫布，我們不妨把臉部與脖子視為一體，當成我們的公開面貌（public face）。

## 臉部藏不住好、壞心情

負面情緒，例如不開心、厭惡、反感、恐懼、與生氣，會讓我們緊張。這種緊張透過身體以各種方式展現，臉部可能會同時表現出多種顯露緊張的線索：下顎肌肉緊繃、鼻翼外張、瞇起眼、嘴巴顫動、或嘴唇閉合（嘴唇好像不見了）。再仔細觀察，你可能會注意到眼睛的焦點固定不動、脖子僵硬、而頭則不會傾斜。一個人可能不會說出任何跟緊張有關的字眼，但如果出現這些行為，他無疑正覺得緊張，大腦正在思索著某件令他情緒不佳的問題。這些負面情緒線索的表現方式在世界各地都大同小異。

當一個人感到煩惱，臉部可能會表現出所有的非言語行為、也可能只浮現一種，臉部表情變化可能輕微短暫、也可能強烈明顯到持續數分鐘甚至更久。回想一下你看過的動作電影，有多少演員在槍戰之前會先對著對手瞇起雙眼？那種表情就是共通的語言，不用再編台詞。當然，演員受到的訓練是要讓自己的臉部表情特別容易被辨認，現實世界中的非言語線索有時候比較難察覺。（見圖59.）。

例如，繃緊下巴就是一種緊張的跡象。在開完業務會議後，高層主管也許會對某個同事說：「你注意到我提企畫的時候，比爾的下巴有多緊繃嗎？」結果只聽到部屬回答：「沒有，我沒看到呀。」（見案例四五）錯過臉部線索，是因為我們被教導不要盯著別人看，也因為我們更關注說什麼而不是怎麼說（還有，在開會的時候，很多人總是低著頭）。

人通常會試圖隱藏情緒，如果我們不認真觀察，就很難發現；此外，臉部線索常常是非常短暫的動作，因此不易察覺。在重要的人際互動時，好比情人間、親子間、生意夥伴之間、或者求職面試，這些看似無關緊要的緊張行為，可能反映出深層的情緒衝突。知覺的腦會企圖掩飾腦緣系統傳達的情緒，因此任何浮出表面的訊號都很重要。

快樂的臉部表情可以輕易的認出來，這些非言語暗示卻可能受到壓抑或隱藏，打牌的時候拿到一手好牌，肯定不希望讓人一眼就看穿，或者我們可能不希望同事知道我們拿多少獎金。生活經驗讓我們學會一件事，透露自己好運可能不智，於是我們試著隱藏快樂與興奮。

圖 59.

瞇眼、皺眉頭、還有臉部扭曲，都是暗示煩惱與不安。

然而，就像負面情緒的肢體線索，微妙或壓抑的正面非言語行為可以透過觀察和判斷而發現。臉可能洩露出一陣興奮，不過光憑這一點還不足以讓觀察者確信我們很開

## 案例45：好話遇上壞表情，信哪個？

人經常嘴巴說著好話，而臉上卻散發出明顯矛盾的負面訊號。在一場宴會上，一位朋友談論到他對小孩找到好工作感到多麼高興。他這麼說著，臉上卻沒有堆出很多笑容，下巴肌肉繃緊緊的。後來，他的妻子聊天的時候透露，丈夫對於孩子勉強靠著毫無前途、無意義的工作過日子，感到非常煩惱。他說的話是一回事，臉上說的卻是另外一回事。

## 案例46：臉上的幸福，腳來印證

不久前，我在等一班飛機要離開巴爾的摩，排在我隔壁櫃台的一位男子被升等到頭等艙，他在坐下來時按捺住表情，不讓自己顯得洋洋得意。光看他的臉就說他很開心，可能有些冒險，但是，接下來我看到他打手機告訴太太這件事。雖然他接下來壓低了說話的音量，附近的人聽不到對話，但是他的雙腳上下一蹦一蹦的，好像小孩子等著要拆生日禮物。快樂腳就是證明他很高興的輔助證據。切記，留意一連串的行為，才能強化你的觀察。

心，我們的雙腳可能提供了額外佐證，讓別人確認了我們的好心情（見案例四六）。

真誠且毫無拘束的快樂感覺，會反映在臉上和脖子。透露好心情的方式，包括額頭上的皺紋鬆開、嘴巴附近的肌肉放鬆、嘴唇完整的顯露出來（沒有被壓縮或是緊緊閉合）、還有眼睛會因為周遭的肌肉放鬆而變大。當我們真的放鬆、自在時，臉部的肌肉會放鬆而頭也會偏向一邊，暴露出我們最脆弱的部位，也就是脖子（見圖60.）。這是一種高度自在的行為表現，戀愛的時候常常可見到，那是在不安、緊張、猜疑、或受威脅時幾乎不可能模仿得來的（見案例四七）。

## 說謊眼睛的誠實資訊

雙眼被稱為靈魂之窗，從這兩扇窗口來檢驗情緒或想法，似乎再恰當不過。儘管有《你說謊的眼睛》這樣的歌詞，但是眼睛其實表達很多誠實的資訊。雙眼是顯示個人感覺非常精準的指標，就某種程度而言，我們幾乎無法控制雙眼，相較之下，臉部其他部位的動作就沒那麼反射性，比較受到意志的控制。演化過程將眼睛內部與周圍的肌肉，調整到可以保護雙眼不受傷害，這些保護行為多半是無意識的，例如，眼球會收縮瞳孔來保護嬌

## 案例47：身陷電梯裡的重圍

試著在一個站滿陌生人的電梯裡偏著頭，然後整個過程都維持這樣的狀態。對大多數的人來說，這是很難做到的，因為偏著頭是一種只有在我們真正自在的時候才有的行為，而站在被陌生人包圍的電梯中，肯定不是這樣的狀況。試著一邊偏著頭，一邊直視著電梯裡的某個人，這動作難度更高，你幾乎不可能維持很久。

圖 60.

偏著頭是以一種強烈的方式表達：「我很自在、我樂於接納、我很友善。」站在我們不喜歡的人之間，很難做到這點。

弱的感受器官不接觸太多光線，如果有危險的物體靠近，眼睛周圍的肌肉會馬上閉上眼。這些自動反應讓雙眼成為臉上非常誠實的部位，有助我們洞悉他人。

### 瞳孔——心情的相機

研究顯示，一旦我們表現出超過驚訝的反應，例如喜歡所看到的事情，瞳孔便會放大；不喜歡時，就會收縮（見圖61.）。我們無法有意識的控制瞳孔，而瞳孔會在不到一秒之內對外在的刺激如光線的變化，還有內在的刺激如想法，產生反應。不過，瞳孔很小且不容易看到，尤其是顏色較深的眼睛，加上瞳孔的大小變化很快，因此難以觀察。儘管眼部的行為非常有用，但一般人通常不會去留意、會忽視不理，或者即使看到了，也會低估它們在判斷一個人好惡上的利用價值。

當我們受到刺激、意外、或者突然遭遇衝突，眼睛會張開，瞳孔還會迅速放大，好讓最多的光線進來，看到更多的景物，送進最大量的視覺資訊給大腦。不過，一旦有片刻時間可以思索資訊，而且如果認為情況不利（令人討厭的意外或是真實的威脅），瞳孔在不到一秒內就會收縮（見案例四八）。收縮瞳孔，眼前的一切會更聚焦，我們就能看得清楚準確，而得以保護自己或成功逃脫。

這非常類似照相機的光圈運作方式；光圈愈小，焦距愈長，無論遠近的鏡頭焦點就會看得更清楚。另外告

圖 61.

在這張圖中，可以看到瞳孔放大和收縮。從出生以來，放大的瞳孔表示我們感到自在，特別是那些我們情感上有依戀的人。

訴你，如果你急需要眼鏡來閱讀卻遍尋不著，只要用一張紙捲成一小個洞拿到眼睛前，這個紙筒的洞孔就可以讓你焦點集中到要看的東西上。如果沒有紙筒、瞳孔收縮到最小還不夠，那我們就會瞇起眼睛，讓光圈儘可能變小，同時也保護眼睛（見圖62.）。

幾年前，我和女兒走在一起時，碰到了某個她認識的人。她略略的瞇起眼來，手沒舉起來、只是低低的抬起對那個女孩揮了揮。我懷疑她們之間發生過不好的事，所以問女兒怎麼認識那個女孩的。她答說，那女孩是中學同學，她們以前有過口角。手沒高舉起來揮，這動作還滿常見，但是瞇眼卻是洩露情緒不佳與厭惡的表現，即使事過七年。女兒沒有意識到她瞇眼的行為，但是這個訊號對我來說卻明顯得像盞開亮的燈（見圖63.）。

同樣的現象也出現在商場上。當顧客或客戶在閱讀合約時突然瞇起眼睛，他們可能對文件上某個地方的措辭用語有些困擾，不安或懷疑馬上就從眼睛表現出來，客戶自己極可能完全沒有察覺到。

圖 62.

我們瞇起眼睛以阻隔光線或討厭的事物。在憤怒、或甚至聽到不喜歡的聲音、聲響、或音樂時，也會瞇起眼睛。

## 案例48：瞳孔收縮，犯罪自白

1989年，FBI在處理一件牽涉到國家安全的事件時，我們一再偵訊一名間諜，他雖然態度合作，但是不願意供出同謀。訴諸愛國心、勾起他對數百萬可能因他而身陷險境的人的關懷，種種嘗試都徒勞無功，案情陷入僵局。最起碼要先找出這個人的其他夥伴，他們仍然逍遙法外，對國家構成嚴重威脅。在別無選擇下，我的一位友人、同時也是FBI的頂尖情報分析家馬克・瑞瑟（Marc Reeser），建議試試看利用非言語行為分析。

我們給這名間諜看由瑞瑟所準備的32張3乘2英吋的卡片，每一張卡片上面的名字都是曾經和這個間諜共事過、以及可能一直在幫助他的人。看每一張卡片時，我們要求他大致說出他對每個人的了解。我們並不是特別在意這個人的答案，因為口頭說的話顯然並不可靠；我們其實是在觀察他的臉。

當他看到其中兩個名字時，眼睛先張大要看清楚，然後瞳孔迅速收縮，還微微的瞇了起來。下意識的，他顯然並不想看到這兩個名字，而且似乎覺得有危險。或許這兩個人曾經威脅他不可以洩露名字。這種瞳孔收縮和稍微瞇眼的動作，是我們找出同謀僅有的線索。他並沒有察覺到自己的非言語訊號，我們當然也沒對他解釋。但是，要是我們沒有留意到這種眼部行為，絕對沒辦法發現這兩個人。這兩名共犯最後落網也接受偵訊，並承認參與犯罪。直到今天，接受審訊的對象還是不知道我們怎麼有辦法發現他的同夥。

除了不安時會瞇眼，有些人在看到令人不安的事物時，會垂下眉來。眉毛拱起來代表高度信心與正面的感覺（對抗地心引力），而眉毛垂下則通常是信心低落或是感覺不好的跡象，暗示一個人脆弱與缺乏安全感（見案例四九）。

## 阻斷視線，大腦的自保動作

我們的眼睛，功能更勝任何照相機，已經演化成為人類接受資訊的主要工具。我們通常會透過腦緣系統的求生機制，也就是阻斷視線（eye blocking），來審查接收到的資料，這是演化出來保護大腦的，以避免「看到」令人不快的影像。眼睛如果變小，不管是瞇眼還是瞳孔收縮，是下意識的阻斷行為，代表疑慮、厭惡、意見不合、或是察覺到潛藏的威脅。

阻斷視線有多種形式，是我們與生俱來共通的非言語行為模式，大多數的人不是視若無睹，就是輕忽箇中意義（見圖64.—67.）。假設有人告訴你壞消息，你極有可能在聽到的時候，眼皮閉起來好一會兒，不過你不會注意到自己這種行為。即使子宮裡的嬰兒，聽到

圖 63.

瞇眼的動作可能非常短暫——八分之一秒——卻足以立刻反映不好的念頭或情緒。

## 案例49：惱怒或脆弱，就看眉毛有多低

皺眉可能有好幾種不同的意義。為了區分其中的差異，必須判斷眉毛變動的程度，以及動作發生的環境背景。例如，我們在挑釁或與人對峙時，眉毛可能會下沉、蹙著。同樣的，我們在面對真實、或是想像中的危險與威脅時，眉毛也會蹙著沉下來。在惱怒、覺得不滿、或生氣時也會這麼做。如果眉毛垂得過低，表情垮下來，像個挫折的小孩，這是代表脆弱和缺乏安全感的普遍象徵，是一種奉承、討好、順從的行為，和叩頭或畏縮一樣，掠奪者看了可能會趁機遂行施暴。

研究調查顯示，囚犯曾經提到過，新的囚犯到監獄時，他們會觀察菜鳥有無這類憂心忡忡、眉毛下垂的行為，看看哪些人是軟弱不安的。在社交與商場互動中，你也可以留意這些眉毛的動作，好探測對方的強弱。

巨大聲響也會自然的閉上眼，更神奇的是，天生失明的小孩在聽到壞消息時，也會遮住雙眼。我們一生中，聽到可怕的消息時，都會使出這種由腦緣系統驅動的阻斷視線行為，儘管這既沒辦法阻斷聽覺，也沒辦法阻斷想法。

在任何悲劇事件中都可以看得到各種阻斷視線的形式，無論是在公布消息，或是悲劇即將降臨，我們可能會用一隻手蓋住雙眼，或雙手各遮住一隻耳朵，或是用個東西將整張臉遮住，譬如用報紙或書。即使光是腦海中有了這樣的想法，也會迫使阻斷視線的行為反應出現，突然想到忘

圖 64.

用手遮住眼睛，是在表達：「我不喜歡剛剛聽到、看到或知道的事情」。

圖 65.

談話時短暫的碰觸眼睛，暗示這個人對於正在討論的事情觀感並不好。

圖 66.

在聽到消息或冗長的結論時延遲了一會兒才睜開眼皮，表示情緒不佳或不滿。

圖 67.

當眼皮像這樣緊緊的閉著時，這個人正企圖完全阻絕一些壞消息或情況。

記某件重要事情，這人可能會立刻閉上雙眼，深呼吸一口氣。

**阻斷視線，是顯露一個人想法與感覺的重要指標。這類疏遠的訊號會在一聽到壞消息時即刻發生，讓我們知道這番話可能導致聽者坐立難安。**我在FBI工作時，多次解讀阻斷視線的行為，當成洩漏玄機的暗示。本書最前面所提到的冰鑽謀殺案以及波多黎各飯店火災，只是我見證這種眼部行為重要性的諸多案例之一。

阻斷視線通常與接觸到壞消息有關，但也可能表示信心低落。和多數其他暗示信號一樣，如果是在事件發生後立刻閉眼，這訊號比較可靠。如果你說話之後，對方立刻出現閉眼的動作，意思是哪裡可能出了差錯，讓這個人感到為難。

## 瞳孔放大↓眉毛拱起↓眼睛發亮

有很多眼部行為可以表達正面的感覺。幼兒看到母親，眼睛就會流露出舒適自在，嬰兒在出生七十二小時內，眼睛會跟隨著母親的臉，當媽媽走進房間時，嬰孩的眼睛會變大，表現出關注與滿足。充滿愛心的母親也同樣會出現放鬆而張大的眼睛。張大的眼睛是正面的象徵，表示這個人正在觀看令他感覺愉快的事物。

瞳孔放大代表滿足與好心情，這是大腦在說：「我喜歡我看到的；讓我看清楚一點！」不只瞳孔會放大，眉毛還會揚起呈拱狀，眼睛部位擴大會使得眼睛看起來更大（見

圖68.—70.）。此外，有些人用力張大眼睛，甚至誇張的擴大雙眼的孔徑，形成銅鈴眼（flashbulb eyes）。這種張大眼睛的表情通常會聯想到意外或好消息（見案例五〇），這也是另外一種對抗地心引力的行為。

## 眼睛一亮

銅鈴眼的另外一種形式是眉毛揚起或是眼睛一亮（eye flash），會在令人心情愉悅的事件中突然迅速出現。這種行為代表意外驚喜，譬如抵達一個驚喜派對；還會用來強調重點、表現自己強烈的感受。經常可見有人說「哇！」的時候，同時揚起眉毛，眼睛一亮。這是一種表達正面情緒非常真誠的行為。當有人興奮的強調要點或要說故事時，眉毛會揚起，除了反映這個人的真實情緒，也能夠讓視線更清楚。

你可以利用這種肯定行為來判斷自己是否走對方向，不管是追求人、做生意、或者只是想交朋友。就像我經常在餐廳裡看著戀愛中的年輕女孩，誇張的用張大的眼睛，凝視

### 案例50：銅鈴眼消失時

當看到喜歡的人，或意外遇到一個很久不見的朋友，通常會把眼睛張很大，同時瞳孔也會放大。在工作環境中，如果老闆看著你的時候眼睛張很大，你可以認為老闆確實喜歡你，或者你有哪件工作做得很好。

圖 69.

照片中的眉毛略為拱起，抗拒著地心引力，是感覺良好的可靠暗示。

圖 68.

我們心滿意足時，眼睛會放鬆，幾乎不會繃緊。

圖 70.

銅鈴眼常見於當我們很興奮能看到某人，或是心花怒放而無法克制時。

著男朋友，你還需要問她什麼嗎？簡言之，觀察雙眼，眼睛愈大，情況愈順利！相反的，看到眼睛收縮，瞇眼、眉毛垂下、或是瞳孔收縮，就該考慮改變行為策略了。

我要提出一點警告。瞳孔的放大和收縮，可能是與情緒或事件無關的因素，例如光線變化、疾病、以及藥品等等。要審慎考慮這些因素，加上其他肢體語言，要不然就會想錯方向了。

或許「眉毛揚起」這個動作的最佳用途，就是觀察一個人在說話時何時停止這個動作。當我們對話題不是太有感情時，就不會用眼睛強調。這種缺乏投入也許反映了興趣降低，也可能因為沒聽到實話，要區別這兩種因素有困難。基本上，你所能做的是觀察，揚眉次數是減少了、還是突然消失？眉毛情況有了變化就要提醒自己。我們要注意的是，對於所說或所做的事愈來愈不投入時，這個人改變的會是臉部正在強調的動作（挑動眉毛）的頻率。

## 凝視他方與目光游移

當我們直視著他人時，要不是喜歡、對他們好奇，就是想威脅他們。情人們會頻頻的凝視著彼此的眼睛，母親與小孩也會；但是掠奪者也是，他們以直視對方來迷惑或威脅對方，例如泰德·邦迪①和查爾斯·曼森②的凝視。換句話說，大腦只用一個眼部的動作——堅定的凝視——來表達愛意、關注，或是恨意。因此，我們必須仰賴其他伴隨凝視行為出現的臉部表現，來判斷是喜歡（放鬆的微笑）還是不喜歡（緊繃的下巴、緊閉的雙唇）。

相反的，在談話中「把目光移開」，通常是為了要更清楚的思考，不要因為注視著談話對象而分心。這種行為通常被誤會為沒有禮貌，或是針對個人的排斥，其實不然。這也不是欺騙或不誠實的象徵；事實上，這其實是一種自在的表現。在與朋友交談時，我們會在說話時慣性的把目光轉而看向遠方。這麼做是因為我們覺得夠自在，腦緣系統偵測到這個人不會有威脅。不要只因為一個人看向其他地方，就當他在欺騙、冷漠、或不開心。把目光從你身上移開，然後定定的看向別處的說話方式，通常可以提高思慮清晰度。

還有很多其他理由會讓我們將眼光從說話者身上移開。眼光向下凝視，或許表示我們正在處理一種感受或感覺、進行一場內心對話，也或許是表示恭敬順從。有些地方的人在面對當權者或是身分地位高的人時，要表現出眼睛往下看或目光迴避的行為。而小孩通常被教導，在被父母親或成年人責罵時，要謙遜的向下看。在尷尬的場合中，好比衣服穿

① 泰德・邦迪（Ted Bundy），美國著名的連續殺人犯，相貌堂堂且受過良好教育，看似斯文無害，卻犯下至少三十起殘酷的謀殺案件。

② 查爾斯・曼森（Charles Manson），自組一個末日理論，吸引一群追隨者自成一派，後來帶領追隨者犯下屠殺事件，最知名的受害者是大導演波蘭斯基懷孕的妻子。

幫，旁觀者通常會出於禮貌而將目光移開。千萬別把眼睛往下看的動作當成欺騙的暗示。掌權者有比較多採用凝視行為的自由，握有權力的人可以看任何想看的地方，部屬能看的地方與時間就比較受限制。通常掌權者對下屬視而不見，而下屬多半是在遠處凝視當權者。換句話說，身分地位較高者可能比較冷淡，而地位較低的人需要以目光表示殷勤。

前面說到，說話時眼光移開，讓許多人感覺到不誠實。其實，真正不誠實的是「眼光四處游移」。許多雇主告訴過我，他們不喜歡應徵者在面試時視線打量著整個房間，好像這地方是他們開的。因為**「視線四處遊走」會讓一個人看起來像是漠不關心、或高高在上**，這麼做一定會留下壞印象。即使你想要確定是否會喜歡在這家公司工作，如果你的眼睛不放在面試主持人的身上，你可能連多打量的機會都沒有。

## 眨眼／眼皮拍動是壓力指針

激動、煩惱、緊張、或擔心時，眨眼的速度會變快，等到放鬆時，又會回歸正常。連續快速眨眼反映了內心的掙扎，如果有人說了不中聽的話，我們可能就會不斷眨眼。同樣的，如果我們在交談中無法清楚表達意思，可能也會有同樣的動作（見案例五一）。連眨眼皮，非常明顯的顯示出在努力嘗試，英國演員休．葛蘭（Hugh Grant）算是箇中翹楚，他極其常用眨動眼皮的行為，表示他迷惑、不知所措、掙扎，或是身陷麻煩。

你可以上視訊網站搜尋，看看尼克森前總統（Richard Nixon）在發表「我不是騙子」的演說時，眨眼的速度變得有多快。任何人在面對壓力時，眨眼的頻率都可能變快，無論他是否在說謊。我看過柯林頓前總統（Bill Clinton）在面對罷免時的眨眼頻率，因為承受壓力而加快五倍。我非常不願意只因為別人眨眼的速度增加，就把人貼上說謊的標籤，但是很難不這麼認為。其實，任何壓力，包括被公開問問題，都會導致眨眼的頻率增加。

## 斜睨

斜睨（looking askance）著他

### 案例51：看人眨眼，重點在速度

觀察眼皮拍動有助於解讀他人，並可藉以調整自己的行為。在社交聚會或業務會議當中，你可以觀察對方眼皮動作來判斷他是否自在。眼皮在顫動的人，就是有事困擾，這是非常精準的訊號，有些人甚至在問題一被提起的當下眼皮就開始顫動。

在宴會交談中，眼皮開始拍動，意謂這個主題有爭議性或不受歡迎，改變話題可能比較恰當。如果你希望賓至如歸，眼皮突然顫動就有重大意義，不應置之不理。就像判讀其他肢體語言一樣，人會因為適應環境、隱形眼鏡而改變眨眼或眼皮拍動的速度，因此你要觀察的重點應該是拍動速度的變化，例如突然停止或加快拍動的速度。

人，是一種會用到頭和眼的行為（見圖71.）。表現出來的是頭向旁邊略歪或傾斜，配合眼睛以朝旁邊瞄的方式看對方，或是雙眼快速的轉動。斜睨的行為可見於我們懷疑他人或他們的說話內容時，有時候這種肢體訊號非常短暫，有時候卻又幾近嘲諷的誇張而且一直持續。這比較偏向是好奇或謹慎的動作，不見得是明白表示無禮，這種動作相當容易發現，所表達的是：「我在聽你說話，但我不相信你說的，至少現在還沒信。」

圖 71.

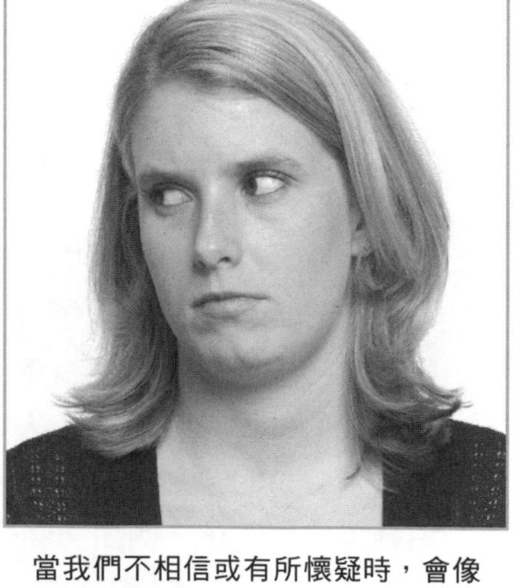

當我們不相信或有所懷疑時，會像這樣斜睨著別人。

## 不說話的嘴巴，看表情

和眼睛一樣，嘴巴提供許多相當可靠且值得注意的暗示；和眼睛一樣，嘴巴可以由思考腦所操縱，傳送出錯誤的訊號。因此，解讀時一定要謹慎。

人類有虛假的笑和真誠的笑。虛假的微笑幾乎都是在面對不親近的人，表現出來的社交禮節，而真誠的微笑則是保留給我們真心在乎的人與事（見案例五二）。

真心的微笑會出現，主要是因為兩種肌肉的活動：從嘴角延伸到顴骨的顴大肌（zygomatics major），以及眼睛四周的眼輪匝肌（orbicularis oculi）。當兩邊同時作用時，就會將嘴角往上牽動並使眼睛的外側出現皺紋，形成溫暖又誠摯的微笑中令人熟悉的眼角魚尾紋（見圖72.）。

當我們表現出社交性或虛假的微笑時，唇角會因為用上「笑肌」（risorius）的肌肉而向旁邊拉緊。兩邊同時作用

### 案例52：真笑假笑分清楚

透過練習，不用多久你就能夠區分虛假的微笑與真誠的微笑。有個方法你可以很快學會分辨，就是觀察一個熟識的人怎麼和別人打招呼。如果你知道同事對A有好感，但不喜歡B，而兩人都獲邀參加一場他主辦的公司聚餐，觀察他在門口迎接每個人時的臉部表情，你馬上就能區別這兩種微笑了！

一旦你會區別虛假與真誠的微笑，你就能判斷別人對你的真正感覺。你也可以藉此評估，你的構想或建議給聽者留下什麼印象。微笑指標適用於朋友、配偶、同事、子女、甚至老闆。

圖 72.

真誠的微笑會將嘴角朝眼睛的方向上推。

圖 73.

這是虛假或「禮貌性微笑」：嘴角朝耳朵的方向移動，眼裡看不到什麼情緒。

時，會使得嘴巴的兩角明顯的向兩側拉，但沒辦法像真正的微笑一樣向上拉提（見圖73.）。有趣的是，幾週大的嬰兒就已經會把牽動顴大肌的微笑保留給母親，而對所有其他人做出牽動笑肌的微笑。如果你不開心，就不太可能做出完全用上顴大肌和眼輪匝肌的微笑。當我們缺乏由衷的情緒時，是很難「做」出真誠微笑的。

如果你在二〇〇九年初看官員對經濟前景的談話照片，會看到似乎每個人的嘴唇都消失不見了，那是因為壓力的關係。我很有把握的說，關於壓力的表情，沒有什麼比抿嘴唇更普遍的了。緊張時，我們會無意識的抿嘴。

當我們將雙唇緊緊壓縮時，好像腦緣系統在告訴我們：閉起來，別讓任何東西進到身體裡（見圖74.），因為這時候得全神貫注在嚴肅的議題上。雙唇緊閉，清楚的顯示出負面感受（見案例五三）。抿緊嘴唇很少會有正面含意，但並不表示這個人在說謊，只是意味著當下覺得緊張。

## ㄇ型嘴唇，你裝得出來嗎？

在接下來的一系列照片中（見圖75.—78.），我要說明雙唇怎麼漸進式的由完整可見（覺得情況良好）到消失不見、雙唇緊閉（感覺情況並不好）。特別注意最後一張照片（圖78.），嘴角怎麼下垂，使得整個嘴巴看起來像ㄇ字型。這種行為代表高度痛苦或不安，表示這個人正經歷極度的壓力。

我要班上的學生們抿嘴或是緊閉雙唇，然後大家彼此互相看。在我一說明後，他們馬上就了解，一個人可以抿嘴讓嘴唇看不見，但通常是呈一直線，大多數人沒辦法讓嘴角往下形成ㄇ字型。為什麼？因為這是一種很難模仿的腦緣系統

圖 74.

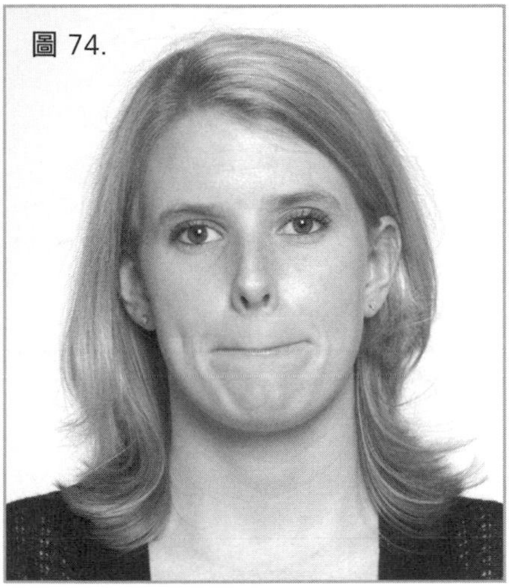

抿嘴而讓嘴唇都看不見時，通常是壓力或焦慮造成。

## 案例53：嘴唇看不見，真話聽不見

我在偵訊別人或看別人宣讀聲明時，會觀察緊閉雙唇與抿嘴的行為。這個線索非常可靠，會在問到難題的當下剛好出現。如果看到了，不見得表示這個人在說謊，而可能是問題變成一種負面刺激，困擾著這個人。如果我問一個人：「你是不是有些是瞞著我？」而他此時雙唇緊閉，那他就是在隱瞞什麼。尤其，若是他在對話期間就這麼唯一一次隱藏或緊閉雙唇，我就確認這是一種信號，表示有必要進一步訊問。

反應，除非真的痛苦或難過。千萬記得，對某些人來說，嘴角往下垂是一種正常表情，並不一定是痛苦的準確跡象。但是對大多數的人而言，這是負面想法或感受的精準暗示。

### 噘嘴的當下要看到

當你或別人在講話時，千萬要留意有沒有人噘起嘴來（圖79.）。噘嘴意味著不同意，或是他們正在思考別的想法。到底是代表不同意，還是這個人正在思考其他的觀點，你觀察對話的時間要夠久，才能夠收集到另外的線索。

噘嘴常見於審判的結案陳述。當一位律師說話時，另外一方的律師會因為不同意而噘嘴，法官若不同意律師，也會有這個動作。檢查契約的時候，察覺噘嘴有助我方破除對方的

圖 75.

留意當嘴唇完整可見時，通常這個人是心滿意足的。

圖 76.

遇到壓力時，雙唇會開始消失而緊繃。

圖 77.

反映壓力或焦慮的雙唇緊閉動作，可能會進展到像這張照片一樣，看不到嘴唇。

圖 78.

當嘴唇看不見而嘴角又下垂時，情緒和信心都正值低點，而焦慮、壓力和煩惱都持續升高。

圖 79.
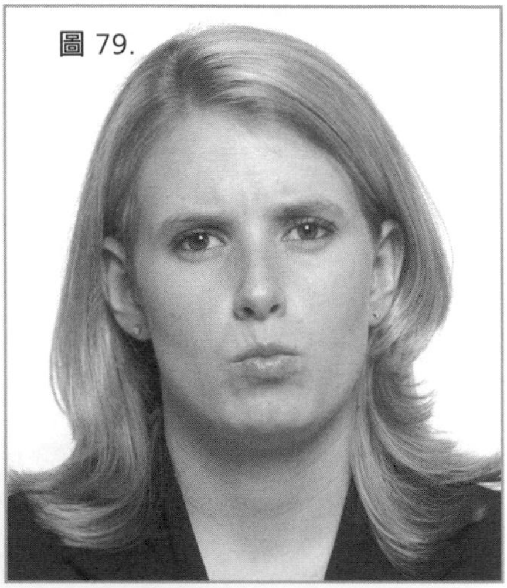

不同意某件事或某個人、或者正在思考其他的可能性時，會噘起嘴或嘟嘴。

圖 80.

一閃即逝的冷笑，意思是不尊重或鄙視，像是在說：「我不在乎你的想法。」

疑慮與問題。噘嘴也可見於警察偵訊時，特別是以錯誤資訊質問嫌犯時，嫌犯會不苟同的噘起嘴，因為他知道調查員掌握的事實錯誤。

在職場上也時常會見到噘嘴，應該視為有效的訊息。例如在念到合約的其中一段時，反對特定該條款的人會在那些文字被念出來的當下噘起嘴。當一些人被升遷，你會看到公司有人在那些名字被念出來的時候噘嘴。

**噘嘴**也是非常精準的指標，應該特別注意，**這代表一個人有其他的想法，或是徹底排斥某人的話。**

## 冷笑通常一閃而逝

冷笑就像翻白眼一樣，是常見的輕蔑

動作，意謂不尊重，反映做冷笑者缺乏愛心或同理心。冷笑時，頰肌（buccinator muscles，位於臉部的兩側）會收縮，而將唇角朝耳朵的方向拉扯，在臉頰留下冷笑的小酒窩。這種表情非常明顯而且意味深長，即使只是一閃而逝（見圖80.）。冷笑非常明白的顯露一個人當時的心思，非常具有預兆性質（見案例五四）。

## 舌頭不用來說話時更誠實

舌頭可以提供很多線索來洞悉一個人的想法或情緒。緊張時，嘴巴會乾燥，這時會舔嘴唇讓嘴唇濕潤。還有，在不安時，舌頭通常會來回摩擦嘴唇，好安撫鎮靜自己。當我們認真不懈的專注在一件任務上，可能會把舌頭伸出來，通常會朝旁邊伸，籃球大帝麥可・喬丹要灌籃時的動作是最出名的例子。或者我們會伸

### 案例54：冷笑的意義

華盛頓大學的研究人員約翰・高特曼（John Gottman）發現，在對已婚夫妻進行心理治療時，如果其中一方或雙方冷笑，這是預言將來會離婚的「強力訊號」。一旦冷漠不在乎或輕蔑進駐到心理，透過冷笑表現出來，這段關係就已經有問題，甚至已經到了終點。我在FBI期間注意到，嫌犯在偵訊時如果認為他們所知道的比偵訊人員多，或是察覺到警方並不了解全貌，他們就會冷笑。冷笑是一種清楚的徵兆，表示對其他人的不敬或蔑視。

圖 81.

舔嘴唇是一種安撫行為，通常可以讓我們舒緩、鎮靜。考試之前，課堂上可以看得到這種行為。

圖 82.

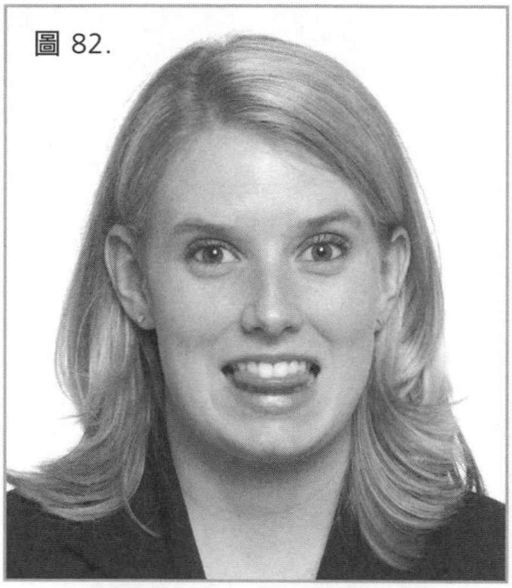

吐舌頭常見於人們做些不該做的事情卻被逮到、把事情搞砸或是僥倖逃過一劫。出現的時間非常短暫。

長舌頭，反抗不喜歡的人或表示厭惡，小孩常常會有這種動作。

一個人還會表現出其他與壓力有關的嘴部訊號，例如咬舌頭、摸嘴巴、舔嘴唇或咬東西，你更可以相信這個人沒有安全感（見圖81.）。此外，如果有人一邊碰觸嘴唇或舔嘴唇、一邊考慮做選擇，耗費了很多很多時間，這都是侷促不安的徵兆。

吐舌頭，這是認為自己僥倖成功、或做什麼事情被逮到的人會做的動作。我在美國還有俄羅斯的跳蚤市場、下曼哈頓的街頭小販、拉斯維加斯的撲克牌桌、FBI的偵訊、還有職場上，都看過這種行為。在每一種情況下，這個動作——舌頭從上下牙齒之間伸出來，但沒有或幾乎沒有碰到嘴唇——都是敲定交易、或是拍板定案時的非言語表達方式（見圖82.）。這行為似乎會在社交互動結束時無意識的出現，而且有各種不同的意義，必須放在整體時空背景下了解。它所代表的幾種意義包括：我被逮到了、喜不自勝、僥倖逃過一劫、我做了蠢事、或我太不乖了。

我在大學自助餐廳點菜時，服務員在一個學生的盤子裡放錯了蔬菜。當學生開口糾正他時，那位服務員把舌頭伸出在上下牙齒中間，然後聳起肩來。好像在說：「哎呀，我搞錯了。」

在社交或業務會議時，吐舌頭的行為通常會出現在對話結束之時，其中一人覺得僥倖做了什麼事，而對方卻沒有發現或繼續追究。如果你看到吐舌頭的行為，問問自己，剛剛發生了什麼事。想想你自己是否可能被愚弄或欺騙了，還是你這邊有誰剛剛犯了錯。這時該判斷是否有人在對你耍詐。

## 臉部的其他非語言行為

### 皺眉蹙額，難以脫身

皺眉蹙額通常會發生在焦慮、悲傷、專心、不安、困惑或生氣時（見圖83.）。蹙額必

圖 83.

緊蹙著的額頭是感受他不安或焦慮很簡單的方式。當人開心滿足時，幾乎不會看到這個行為。

須放在背景環境下來檢驗，才能判斷真正的意義。例如，我看到一名超市收銀員在結算收銀機，皺著眉頭數著現金。你可以看到她表情裡的高度專注，因為她正努力在值班時間結束時結清帳目。同樣可以觀察到皺眉的情況，包括剛剛被捕、而被領著走過記者群的嫌犯。緊蹙著的額頭，通常出現在一個人發現自己處於難以辯白、或令人厭惡的處境卻無法逃脫，這就是為什麼你會在被逮捕的嫌犯照片上看到這種表情。

這種皺眉的行為在哺乳類動物當中由來已久，所以我們皺著眉頭看著狗時，牠們也辨認得出來。狗在焦慮、難過、或專注的時候，也出現類似的表情。另外關於皺眉相當有趣的一點是，隨著年紀愈大人生歷練增加，額頭上就會出現愈來愈深的皺紋，最後變成永久性的皺紋。就像永久性的笑紋，可能源自於長久的幸福人生正面訊號，眉頭有皺紋的人可能一生坎坷，因此常常皺著眉。

## 鼻翼擴張——興奮刺激

鼻孔外擴表示一個人受到刺激。常常可以看到戀人們徘徊在彼此身邊，鼻孔因興奮與期待而微微擴張。戀人的這種無意識行為，很可能是因為他們要吸取造成性吸引力的香味，也就是費洛蒙（pheromones）。

鼻孔擴張也是一種意向性線索，一種有說服力的暗示，顯示要具體進行某件事的意圖，但不見得與性有關，有可能是準備要爬陡峭的階梯，或是搬一座書櫃。人準備行動時會吸收充足氧氣，導致鼻孔擴張。

身為執法人員，如果我在街上遇到一個人眼睛往下看，雙腳準備隨時行動或以「拳擊姿勢」站著，鼻孔外擴，我懷疑他可能準備要吵架、逃跑或打架。如果你周遭的人可能會發動攻擊或從你身邊跑開，鼻翼外擴是你應該注意的跡象。這是我們應該教導子女留意的諸多可疑行為之一，如此一來，孩子在別人變得危險時會比較有警覺，特別是在學校或操場上。

## 咬指甲是壓力跡象

如果你看到一個人在等待完成交易時咬著指甲，他應該不會讓你留下非常有自信的印象。咬指甲是有壓力、缺乏安全感或不安的現象。在討價還價的過程中看到這種行為，即使只是出現片刻，你可以很有把握的斷定，咬指甲的人對自己缺乏信心，或者討價還價的立場站不住腳。

在求職面試或者等待約會對象時，要避免咬指甲，不只是因為不好看，還因為咬指甲無異是大聲呼喊：「我沒有安全感。」我們咬指甲的理由不是指甲長到該修整，而是這麼做能夠安撫我們，籃球明星雷霸龍就有這樣的動作，看來巨星也難免緊張。

## 臉紅與臉色發白

有時候我們會因為深層的情緒狀態，不由自主的臉紅或發白。我在班上說明臉紅的行為時，會叫一名學生站在全班面前，然後我走到學生的後面，非常靠近他或她的脖子。通常這樣侵犯個人空間就足以引發腦緣系統反應，讓臉發紅，特別是皮膚比較白的人，很容易注意到。

一般人做壞事被抓到的時候也會臉紅。此外，當一個人喜歡另外一個人卻不希望對方知道，臉也會紅。暗自迷戀別人的青少年，通常在迷戀對象接近時也會臉紅。這是一種透過身體傳達的真實腦緣系統反應，相當容易發現。

相反的，臉色發白是發生在我們處於震驚的持續性腦緣系統反應中。我在交通意外現場看過人臉色發白，或是在偵訊中，一個人突然被提示一份證明他有罪的壓倒性證據。臉色發白是由於非自主神經系統控制了所有的表層血管，將血液輸送到比較大的肌肉，以準備逃跑或攻擊。雖然臉發白只是皮膚表面的樣子，但不該忽視不理，因為這代表承受高度壓力，會因為事件的性質與持續時間長短，而出現不同結果。

## 第一個表情最誠實

不認同的臉部訊號，世界各地各有不同，反映出特定文化的社會規範。在俄羅斯，我遇過有人輕蔑的看著我，因為我走在一間藝廊的走廊上時一邊吹口哨；室內吹口哨在俄羅斯似乎是個禁忌。在蒙特維多（Montevideo，烏拉圭首都），我和一群人被人用斜眼看之後又輕蔑的把臉轉開，顯然我們這群人講話太大聲，而當地人並不欣賞我們喧鬧式的幽默。即使在美國，因為國家大又多元，不同地方不認同的行為也不一樣，你在中西部看到的就與在新英格蘭或紐約看到的不同。

大部分的不認同行為會表現在臉上，這是我們最早從父母與兄弟姐妹身上學到的訊息，這些人會給我們「臉色」，讓我們知道是不是做了錯事還是違反規矩。我父親是個堅毅內斂的人，充分了解這種「臉色」如何運用，他只消嚴厲的瞄我一眼就夠了，那個表情連我的朋友都會害怕。他從來不必開口斥責我們，只是給我們那個再清楚不過的表情，就

## 案例55：她只是皺了一下鼻子

不久前，一位佛羅里達中部的大型連鎖健身房業務員找上我。那位年輕的小姐非常熱心的要我加入，說那一年內我只要每天花一美元。在我注意聆聽時，她甚至變得更加熱烈，我想她認為我是個不錯的準客戶。等輪到我說話時，我問健身房有沒有游泳池。她說沒有，但是有其他更好的特色。然後我提到我每個月花22美元上我所屬的健身房，而且那裡有個奧運規格的游泳池。當我說話時，她低下眼睛看著腳，一邊做出一個厭惡的小動作——鼻子的左側（或右側、或皺鼻）往上拉，牽動嘴角也往上拉（見圖84.）。那個動作一閃而逝，不過如果持續得夠久，看起來就像是在怒罵。這個小動作就足以讓我知道，她對我說的話不高興，一兩秒之後，她就找個藉口離開，去找其他人。推銷活動結束。

這不是我第一次、當然更不是最後一次觀察到這種行為。我在討價還價的過程中常常看到，一方做出提議後，其中一位參與者突然無意識的做出這個厭惡的小動作。在拉丁美洲，要拒絕送上來的食物，常見到人們做出這個動作同時一邊搖頭，一個字都不用說。

有趣的是，在一個地方或國家被視為無禮的動作，在另外一個地方可能是完全可以被接受的，好比印度人搖頭就是接受。成功旅行的關鍵，就是事先了解風俗習慣，這樣你才知道該怎麼做以及會遇到什麼。

這樣。

我們都相當擅長理解「不認同」的臉部訊號，雖然有時候這些暗號可能非常微妙（見案例五五）。辨認譴責的表情，是學習一個國家或地區不成文規定或習俗的關鍵，因為這類表情說明我們是否破壞了規矩，幫助我們了解自己什麼時候不禮貌了。不過，冤枉或不當的表現出非難或譴責，也同樣無禮。在美國，極為常見的不苟同肢體語言就是翻白眼。這是一種不尊重的訊號，特別是來自下屬、員工或小孩時，絕對無法容忍。

**臉部表現出的厭惡或不認同，是非常誠實的。厭惡主要是在臉上流露，因為這是人體幾百萬年發展出來的**，以立即抗拒腐壞的食物或任何可能造成傷害的東西。這類臉部表情可能不動聲色或明顯易察，但無論做出來的鬼臉、討厭或不悅的表情有多微小，只要稍加觀察，都可以很有把握的精準詮釋，因為這是由腦緣系統所掌控（見案例五六）。

圖 84.

我們會皺起鼻子來表示不喜歡或討厭。這表情非常準確，有時候極為短暫。

## 案例56：瞬間即逝的厭惡表情

厭惡的動作有多準確的透露我們的內心想法？我有一個親身經驗。我去拜訪一位朋友和他的未婚妻，他談到即將舉行的婚禮以及蜜月計畫。在他渾然不知的情況下，我觀察到她在他說出結婚這兩個字時，臉部做出一個細微的厭惡表情。那是一個稍縱即逝的表情，讓我覺得非常奇怪，因為結婚的話題應該是兩人都覺得很興奮的事。幾個月後，朋友告訴我，未婚妻取消婚禮了。印證了我看到的那個表情，她的大腦毫不含糊的顯露出真實感受。舉行婚禮的想法令她厭惡反感。

圖 86.

當我們覺得有自信時，下巴會往外突出，而鼻子也抬高。

圖 85.

當信心低落或是擔心時，下巴會往內縮，使得鼻子往下。

## 抬下巴

「把下巴抬起來！」對意志消沉或遭遇不幸的人，我們常常這麼打氣（見圖85.、86.）。這建議精準的反映出我們對逆境的腦緣系統反應。下巴低垂的人看起來缺乏自信，感覺負面，而下巴上揚的人則看起來情緒昂揚。

鼻子也一樣。鼻子朝上對抗地心引力，是一種高度自信的姿態，而鼻子向下則是信心低落的表現。當緊張或煩惱時，下巴（當然還有鼻子，因為一定會跟著動）通常不會抬高，下巴內縮是一種退縮或疏遠的形式，可以精確的看出感受不佳。

尤其在歐洲，會看到很多這種抬高下巴的行為，特別是輕視下層階級或嚴厲斥責他人時，鼻子會抬得高高的。我在法國的電視節目上就注意到，政治人物在被問到一個他認為不值得回答的問題時，只是抬起鼻子、輕蔑的看著記者，然後回答：「不。」鼻子反映他的地位與對記者的蔑視態度。法國前總統戴高樂（Charles de Gaulle），是個公認相當複雜難懂的人，而他向來為人所知的就是這副表情。

## 不一致的表情如何判讀

我們常常不會說出真正的想法，但我們的臉無論如何都會表現出來。例如，一個人如果一再看錶或是最近的出口，你就知道他要不是有個約會快遲到了，就是寧可到別的地方去。這種表情是一種意向性線索。

有些時候，我們說的是一回事，但真正想的其實不然。這就說到了觀察臉部表情以解讀情緒或言語的一項通則。在遇到臉部出現混雜的訊號，例如在快樂的線索之外還有焦慮的信號，或是愉快的行為和不悅的表現同時出現，或者語言內容與臉部訊息不一致，這時候，一定要偏重負面情緒，當作兩者之中較為誠實的一方。負面的感受幾乎都比較準確真實的顯現一個人的感覺與情緒。比方有個人說：「真高興見到你。」下顎卻緊繃，那麼他所說的話就是假的。臉部的緊繃透露了這個人感受的真正情緒。

為什麼要偏重負面的情緒？因為我們面對不愉快的情況，最立即的反應通常是最準確的；只有在片刻之後，我們了解到其他人可能會看到，才會用一些比較為人所接受的臉部行為掩飾最初的反應。所以遇到兩者兼具時，要順著第一個觀察到的情緒，特別是這個情緒如果是負面的話。

## 擠眉弄眼，自己練習成高手

臉部可以傳達如此多不同的表情，而我們卻又從小就被教導要掩飾臉部的行為，所以從臉上觀察到的一切，都應該與身體其他部分的非言語行為做比對。

此外，臉部的暗示行為錯綜複雜，所以可能很難判斷對方到底是自在還是不安。如果你對臉部表情的意義感到困惑，那麼就自己做一次，然後體會一下自己有什麼感覺。你會發現這個小技巧可以幫助你破解觀察到的事物。

臉可以透露大量的資訊，但也會誤導欺騙。你必須觀察一連串的行為，不斷的根據背景環境評估你所看到的，並留意臉部表情是否與身體其他部分的信號吻合——或者相反。唯有進行完這些觀察，才能很有把握的確認你對一個人的情緒與意向的判斷。

# 第8章

# 測謊

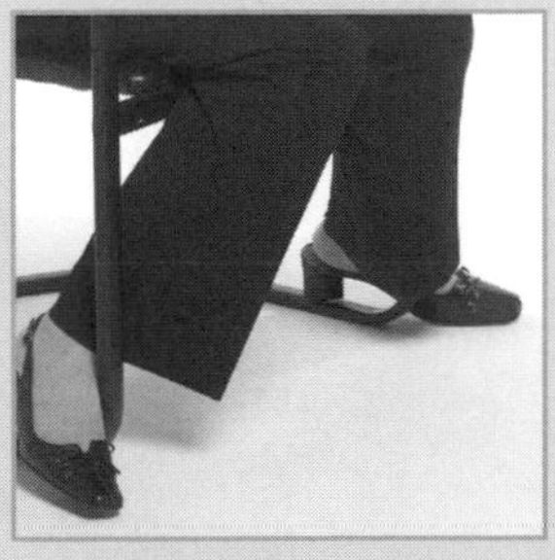
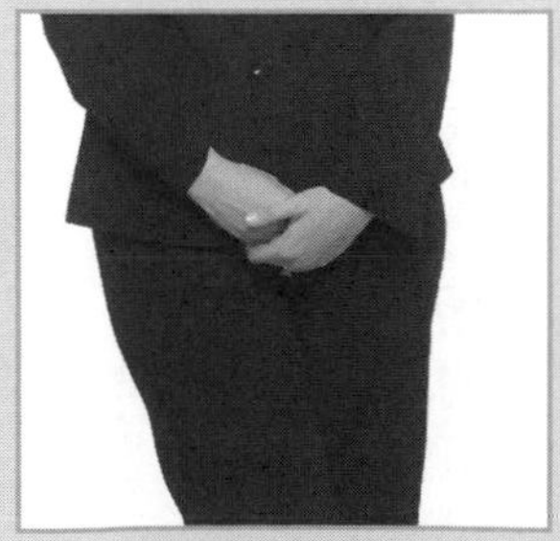

到現在為止，我們已經討論了許多非言語行為的例子，現在，我希望你已經相信非言語線索可以幫你準確的判斷，在任何場景下、身體在說什麼。但是，有一種人類行為難以解讀，那就是欺騙說謊。

你可能會以為，我一輩子擔任被稱為人體測謊機的FBI探員，多半能夠相當輕鬆就發現欺騙行為，甚至還能教你成為人類測謊機。錯了！事實上，察覺謊言極為困難，遠比正確解讀我們在書中所討論的腦緣系統行為還要難。

正因為我在FBI從事行為分析的經驗——一輩子都在努力偵測謊言——所以我知道準確判斷欺騙行為的難度。正是由於這個原因，我選擇將這一整章專注在務實評估非言語行為，並進而應用在偵測謊言上。我知道，已經有很多書討論過這個主題，可能讓你覺得這好像很容易。我向你保證，不是這回事！

我相信，這是第一次有專業的執法人員、同時是這個領域擁有相當背景的反情報官員，而且還在情報圈任教的人，提出這項警告：大多數的人，不管是門外漢或專業人士，並不善於偵測謊言。

為什麼這麼說？因為很遺憾的，我這些年來見過太多調查人員誤判非言語行為，使得無辜的人被認為有罪或感到不安。我也看過外行人與專業人士做出令人髮指的斷言，毀了別人的人生。太多人因為不正確的口供而入獄，只因為警察誤將面對壓力的反應當成說謊。報紙不時刊登這類恐怖故事，包括紐約中央公園慢跑者①的新聞，當時警察誤將緊張的非言語當作說謊，迫使無辜的人招認。

我希望，本書的讀者對於透過非言語的方法偵測謊言，能夠做到哪些、而哪些是做不到的，能有一個比較實際的認識，同時具備這項知識後，可以用一種更周密、更謹慎的方法來判斷一個人究竟有沒有說實話。

## 善意的謊言，天天在聽

社會運作是根據一項假設，即大家都會信守承諾，也就是實話勝過謊言。在多數情況下，確實如此。否則，人際關係的保存期限就會很短暫，商業往來會停止，而親子間的信任也會被摧毀。當希特勒對英國首相張伯倫（Neville Chamberlain）撒謊時，那個時代就沒有和平，而且有超過五千萬人用生命付出代價。當尼克森對全美國說謊時，就破壞了許多

① 發生於一九八九年四月紐約中央公園的一起強暴攻擊事件，被害人受到猛烈攻擊而幾乎喪命，因此受到社會高度關注。警方當時逮到一幫青少年，並加以起訴判刑。但三年後，另外一名因其他案件被判無期徒刑的犯人，坦承他才是真兇。當時媒體將受害人稱為中央公園慢跑者（Central Park jogger）。

人對總統的尊敬。當安隆（Enron）的主管對員工說謊時，數以千計的人生在一夜之間被毀壞崩潰。我們期待政府與商業機構誠實可靠，要求朋友與家人誠實，真話是所有關係往來的基礎，不管是個人、職業或是公民。

我們很幸運的是，大部分的人都是誠實的，而**我們每天聽到的謊言多數是社交性的、或「善意的」謊言，用意在於保護我們**，不要受到類似「我穿這件衣服看起來胖嗎？」這種問題的真實答案所傷害。無疑的，遇到要認真的問題時，評估自己所聽到的話，攸關我們自身的利益。不過，要分辨實話謊話並不容易，幾千年來，人們一直靠著預言家以及各式各樣令人存疑的方法——像是在舌頭上放把熱刀子之類的，來偵測謊言。今天，則有些機構運用筆跡樣本、聲紋分析、或是測謊機來找出說謊的人。這些方法的結果全都靠不住，沒有一種方法、機器、測試或人，可以百分之百準確的揭穿欺騙行為。即使號稱功能強大的測謊機，準確率也只有六〇％至八〇％，端視儀器操作者而定。

## 觀察肢體語言不是為了測謊

從一九八〇年代開始的反覆研究顯示，大多數的人，包括法官、律師、臨床醫生、警察、FBI探員、政治人物、教師、母親、父親與配偶，在偵測說謊這件事上只能靠運氣，機率一半一半。大多數的人，包括專業人士，要正確的察覺到不誠實的行為，表現並不會比丟銅板更好。

即使是那些具有測謊天份的人，可能不到總人口的一%，正確率也很少會高於六〇%。想像一下，無數陪審員必須根據他們所認定的欺騙行為，來判斷誠實或不誠實、有罪或無辜，真的會讓人緊張到流汗。遺憾的是，這些最常被認為不誠實的行為，根本就是緊張的表現，並不是欺騙。這就是我為什麼在這本書裡頭，始終沒有跟你指出，哪一項單一行為能夠表示欺騙——完全沒有。

這並不表示我們應該放棄努力研究欺騙行為，不需要觀察背景環境以聯想到欺騙行為。我的建議是，設定一個務實的目標：清楚可靠的解讀非言語行為，讓人體告訴你它的所思、所感、與所圖。這是比較合理的目標，不只可以幫助你更成功的了解他人（說謊並不是唯一值得觀察的行為！），還可以讓你在觀察時發現欺騙的線索。

## 我們從小就在學說謊

如果你在想，為什麼分辨謊言如此困難，那就想想「熟能生巧」這句古諺。我們從年紀很小就開始學習說謊，而且還常常說謊，因此變得很善於頗具說服力的說出謊言。想想看，你從小是不是就常聽到「告訴他，我們不在家」、或「看到長輩多少也要笑一笑」、或「不要告訴你爸爸發生什麼事，要不然我們兩個都慘了」之類的話。

尤有甚者，我們是群體動物，不只會為了自己的利益而說謊，還會為了彼此的利益而撒謊。說謊可能是一種避免冗長解釋、試圖逃避懲罰、抄捷徑以達到目的的方法，但也可能只是用來表示善意。甚至我們可以說，化妝和加墊肩的衣服，都是在幫我們欺騙。基本上，**對人類而言，說謊是一種「在社會上求生存的工具」**。

## 揭發欺騙的新方法

在FBI全職的最後一年，我提出有關欺騙行為的研究與發現，包括重新檢討之前四十年的文獻。後來導致FBI出版一篇著作，題目為「偵測謊言的四象限模型：偵訊的另類典範」（"*A Four-Domain Model of Detecting Deception: An Alternative Paradigm for Interviewing*"）。

這篇論文提出一種辨別不誠實的新模式，依據的概念是腦緣系統刺激、及自在與不安的表現行為，或稱自在／不安範圍（comfort/discomfort domain）。簡單說，我認為在我們說實話且無憂無慮時，通常會比我們在說謊或擔心自己的「犯罪意識（guilty knowledge）」被發現時，更為泰然自若。這個模型也顯示，在我們自在且坦誠時，通常會表現出比較多強調語氣的行為，不自在的時候則否。

這個模型目前世界各地都在使用。雖然目的是訓練執法人員在犯罪調查時偵測謊言，但也適用於任何一種人際互動。事實上，你前面幾章所學到的知識，已經使你成為少數有資格進一步探索的人。

## 愈自在，不安愈明顯

說謊、有罪，且知道自己在說謊或犯罪的人，很難做到自在安穩，而他們的緊張與痛苦可能明顯易察。掩飾罪惡或謊言的企圖，在他們身上形成令人痛苦的認知負荷，因為得費力替其實很簡單的問題杜撰答案。

一個人與我們說話時愈是自在，就愈容易找出會聯想到說謊、顯示出不安的重要非言語線索。因為你在任何互動、或是「建立融洽關係」的初期，營造出高度自在舒適，在這個人還沒怎麼感到威脅的期間，建立起行為的基準。如果這人後來流露出線索，你能很快就發覺。

## 先讓他舒適

在探究如何偵測謊言時，你必須了解你對疑似說謊者行為的影響，而且知道你的行為會如何影響對方。你怎麼問問題（責難的）、怎麼坐（太靠近）、怎麼看這個人（猜疑的），都會支持或破壞他們的自在程度。我們已經很明白，如果你侵犯別人的空間、如果你表現猜疑的樣子、如果你以不恰當的方式看待對方、或者用起訴的口氣問問題，都會對偵訊造成負面的干擾。你要搞清楚的最重要一件事是，前述舉動是在「揭發說謊者的面具」，這並非「辨別不誠實的行為」——應該是你怎麼觀察並訊問對方，以便偵測出謊言。此外，辨別謊言也關係到非言語情報的收集，你看到的愈多、愈是一連串的行為，對自己的觀察就愈有信心，當別人不誠實時，你能察覺的機率就愈高。

因此，你在討論或偵訊時的觀察欺騙行為，角色應該儘可能的保持中立，不要猜疑和預設立場。切記，從你開始猜疑的那一刻起，就會影響到對方回應的方式。要是你說：「你在說謊，」或是「我認為你沒有說實話」，甚至只是懷疑的看著對方，你就會影響到他的行為。

最好的進行方式，就是只要求針對事情提出更多澄清問題的細節，例如簡單的說：「我不懂」或「你可以再解釋一次事情是怎麼發生的嗎？」通常只要讓一個人擴大闡述他的說法，就足以從實話中區分出謊話來。不管你是在求職面試時想查明一個人經歷的可信度、一件偷竊案的實情，還是你在進行財務方面或是配偶可能不貞之類的嚴肅討論時，保持冷靜是不可或缺的。問問題時保持冷靜，不要表現出猜疑的樣子，要顯露出自在且客觀。如此一來，你談話的對象就比較不可能出現防衛心態、而不願意洩露消息。

## 自在的跡象

與家人朋友交談時，自在舒適是顯而易見的。我們可以察覺別人是否開心，對我們在場感到自在，就像同坐在一張餐桌時，對彼此感到舒適自在的人會把東西移開，這樣才沒有東西擋住他們的視野。漸漸的，他們可能會愈來愈靠近，而不需要大聲說話。感覺自在的人會比較開放的展現身體，顯露出比較多身軀的部分，以及手臂和雙腿的內側，容許讓人接觸到腹面或以腹面示人。

當有陌生人在場時，就比較難表現出自在的樣子，特別是類似正式面試或宣示作證等比較緊張的場合。這是為什麼你在與其他人互動的一開始，盡力創造一個「舒適區」會如此重要。

當我們覺得自在的時候，非言語行為也會有同步性（synchrony）。兩個人在一起覺得自在時，呼吸節奏會類似，說話的語氣及音調、大致的舉止行動也是。回想一下你在咖啡廳裡看過的情侶，全然舒適的坐著時會靠向彼此，一個人傾身向前、另外一個會跟進，這個現象稱為擬態。如果一個人站著和我們說話，身體靠向一邊而雙手放在口袋裡、兩腳交叉，我們極可能也會做出同樣的動作（見圖87）。我們反射另外一個人的行為，無意識中說的是：「和你一起很自在。」

在面試或任何討論棘手話題的場合，如果存在同步現象，每個人的語氣應該會漸漸的反射其他人。如果參與者之間不存在和諧融洽的關係，這種同步就會消失，你可以察覺出來：可能坐姿各不相同，談話語氣彼此不同，或者他們的表情即使沒有完全迥然不同，至少也會不一致。不同步是有效溝通的障礙，而且是成功偵訊或討論的嚴重妨礙。

如果你在談話或面談時放鬆且泰然自若，而其他人不停的看著時鐘、或是坐姿緊繃、或是缺乏動作（又叫做瞬間凝結 flash frozen），這就表示缺乏安適的感覺，雖然未受過訓練的人眼裡看起來一切正常。此外，如果對方想要打斷或是一再的要結束談話，這些都是不自在的跡象。

圖 87.

這就是擬態的例子。兩個人反射彼此並朝彼此傾斜，顯示出高度自在。

顯然，**自在的行為在說實話的人身上比較常見，因為沒有壓力要掩飾，也沒有犯罪意識讓他們感到不自在。因此，你應該要留意不安的跡象**，看它什麼時候出現、在什麼背景下，來判斷對方有無欺騙的可能。

## 不安者的隱身術

當我們不喜歡發生在我們身上的事情、不喜歡看到或聽到的事情、或被迫談論我們寧可隱藏不說的事情時，會表現出不安。我們會先從生理上表現出來，因為腦緣系統受到刺激，因而心跳加速、寒毛直豎、流更多汗、呼吸加快。

而除了前述的自律（無意識的）、不需要思考的生理反應，我們的身體還會表現出不安的非言語行為。恐懼、緊張、或極度不安時，我們通常會移動身體，試圖阻擋或疏遠，會重新調整自己、抖動雙腳、坐立不安、扭動臀部或是敲打自己的手指頭。我們在別人身上都曾注意到這類不安的行為，不管是在求職面試、約會，還是在公司或家裡被問到嚴肅的問題時。

切記，這些動作並不必然表示欺騙；但是，它們確實暗示這個人因為許多種原因而對當下的情境感到不安。

如果你想要觀察不安，當作是欺騙行為的潛在指標，最好的情況是在你和你要觀察或

### 案例57：在桌上堆出一堵牆

多年前在FBI任職時，我和同事對一位嫌犯進行聯合偵訊。偵訊過程中，這個不安又不誠實的人用汽水罐、筆筒、以及桌上的各種文件，慢慢的在他面前堆成一道屏障。他最後甚至在他和偵訊員中間的桌上放了一個背包。

因為建立屏障的行為是漸進式的，我們一直到稍後看錄影帶的時候才發現。這種非言語行為會出現，是因為偵訊對象試圖躲在一道實體的牆後頭，以獲得安適的感覺，並疏遠距離。當然，我們沒得到什麼資訊，也談不上獲得合作，最有可能的情況是，他在說謊。

面談的人之間沒有任何物體，像是家具、餐桌、書桌或椅子。我說過，下肢特別誠實，如果這個人躲在書桌或餐桌後面，你就試著移開它，或者讓對方離開那個地方；否則，這樣的障礙會擋住你應該要觀察的絕大部分身體表面（將近八〇％）。事實上，說謊的人也愛用障礙物或物品如靠墊、水杯或椅子，在你和他之間形成一道屏障（見案例五七）。

使用物品是一種徵兆，表示這個人希望疏遠、分散以及局部掩飾，因為他比較不那麼開放，這和不安或甚至欺騙行為是同時出現的。

說到偵訊、或是你有意確認一個人說法的真實性時，如果站著，你可以得到更多的非言語資訊；站著，可以觀察到很多坐著時不會注意到的行為。如果某些情況下長時間站立不可行或不合理，例如正式的求職面試，你通常還是有機會可以站立著觀察行為，例如打招呼、或是午餐時間一邊講話一邊等帶位。

當我們對周遭的人感到不安時，通常會拉開自己與他們的距離，這在企圖欺騙我們的人身上特別適用。即使肩並肩的坐著，我們也會傾斜身軀以遠離讓我們覺得不舒服的人，通常不是將身軀或雙腳移開，就是朝出口移動，這些行為會出現在談話進行當中。

其他談話過程中氣氛不佳的「不安」訊號，包括摩擦額頭靠近太陽穴的地方、皺著臉、摩擦頸部或是用手搓揉後腦杓。至於表現「不滿」的行為，也許是不禮貌的翻白眼、從身上挑起線頭、自顧自打扮自己、或是輕蔑的回答問題。輕蔑的回答包括很短的答案、抗拒回答、不友善、嘲諷，甚至表現出具有粗鄙含意的小動作，譬如比中指。一個自以為是、憤怒的青少年，媽媽問他一件昂貴新毛衣是不是從賣場裡順手牽羊的，他的反應會讓你清楚知道一個不安的人會表現出的各種防禦性動作。

**在做出虛假的陳述時，說謊的人很少和你有碰觸或身體接觸**。我發現在已經變節、為了金錢而給假消息的線民身上，這點尤其正確。因為碰觸通常是誠實的人用來強調的動作，而疏遠有助於減緩一個不誠實的人所感受到的焦慮。若觀察到談話中的人原來有碰觸動作，但後來減少了，特別是在聽到或回答關鍵問題時，多半可能表示在說謊。如果可以的話，你可以考慮在詢問情人嚴肅問題時，緊貼著對方坐；和小孩討論難解的事情時，握著小孩的手。這麼一來，你更容易注意到談話中碰觸行為的變化。

不過，沒有碰觸的動作，並不代表這個人在說謊，而且，在我們的人際關係當中，本來就有些人比其他人更適合、更期待有身體碰觸。

變得缺乏碰觸，確實可能代表這個人不喜歡你，因為我們不會去接觸自己不尊重、或輕視的人。基本原則是，評估人際關係的本質與時間長短，對於辨別這種疏遠行為的意義也很重要。

在觀察臉部自在或不安的跡象時，留意類似扮鬼臉或藐視的表情這類細微的動作。還要觀察一個人的嘴巴，在嚴肅的討論中是否會顫抖或蠕動。儘管我們要注意一閃而逝的表情，但任何持續太久或久久不散的臉部表情也都不正常，無論是微笑、皺眉、或是意外的表情。談話或面談當中，這種造作不自然的行為是企圖要影響別人的意見，且缺乏真誠。通常一般人做錯事或說謊被逮到時，他們的笑容會僵著，好像一輩子都把微笑掛在臉上似的。這並不代表自在，虛假的微笑是一種不安的表現。

當我們不喜歡聽到的消息時，通常會把眼睛閉上，好像要把剛剛聽到的東西阻絕在外。阻斷視線的機制有各種不同形式，都類似緊緊將雙手環抱在胸前、或轉身離開那些意見不合的人。這些阻絕行為是無意識的進行，且常常出現，尤其是在正式的面談中。當議題引發煩惱的感覺時，有時候也會看到眼皮在眨動。

所有這些眼部的行為表現，都是信息如何解讀、或者受問者對哪些問題感到為難的重大線索，不過，這些不見得就是欺騙的直接指標。少有眼神接觸或甚至完全沒有，並不代表說謊，前面一章已經討論過，「對方眼睛沒有看著你就暗示心虛說謊」，這種觀點是錯誤的。

要謹記在心，加害者與慣性說謊者，反而比大多數人會進行更多的眼神接觸，而且會緊鎖住你的眼睛。研究結果清楚指出，詭計多端的人如精神病患者、詐騙分子和慣性說謊者，在詐騙時確實會增加眼神的接觸。或許這些人是有意識的增加眼神接觸，因為一般人普遍——但錯誤的——認為，直視別人的眼睛是誠實的象徵。

注意和你說話的人的頭部動作。如果一個人在講話時，頭也開始表示肯定或否定的擺動，而且動作是與他說的話同時出現，那麼所說的話通常可以相信是誠實的。但是，搖頭或頭部動作是在說話之後才出現，那麼很有可能在捏造。雖然動作可能非常細微，不過延後做出頭部動作，是企圖進一步證實剛剛所說的話，而不是自然溝通流程的一部分。

此外，**誠實的頭部動作應該與嘴裡所說的否認或肯定話語一致**。如果頭部動作與所說的話不一致或相反，可能就在說謊。頭部的動作通常比較細微而不會太誇張，但是語言及非言語信號不協調的狀況，出現的頻率比我們想像的還要高，因此我們要注意這種細微的不協調，例如，一個人可能會說：「不是我做的」，卻輕輕的點頭。

不安的時候，腦緣系統會接管，一個人的臉可能會變紅或發白。在交談不順利時，你也可能看到汗變多或呼吸變快；留意這個人是否在擦汗，或者試圖控住呼吸、努力保持冷靜。身體若出現顫抖，不管是手、手指、還是嘴唇，或是任何隱藏或壓抑雙手或雙唇的企圖（抿嘴或緊閉雙唇），可能代表不安或說謊，如果在緊張應該已經逐漸消失的情況下還出現這些狀況，更有可能。

說謊話時，聲音可能會變粗啞，或甚至聲音變得不一致，因為喉嚨有壓力而變乾，吞嚥變得困難，所以還要觀察費力吞嚥的動作。喉結突然上下移動或跳動可以作為證明，而且可能還會伴隨著清喉嚨，或是重複清喉嚨的動作——這些全都代表不安。要記住，這些行為是代表煩惱，並不保證是說謊。我見過非常誠實的人在法庭作證時表現出所有的這些行為，只是因為緊張，而不是說謊。即使在聯邦與州法院作證多年，我站上證人席時還是會緊張，所以緊張與壓力的跡象一定要放在背景脈絡之下解讀。

## 訊問十二要點

在FBI工作的那些年，偵訊嫌犯時，我會留意他安撫自己的動作，有助引導我訊問的方向，並判斷哪些問題尤其令受偵訊者緊張。雖然光是安撫動作並不足以證明有欺騙行為，這也可能出現在清白但緊張的人身上，但這麼做確實提供我另外一片拼圖，有助判斷這個人真正的想法與感覺。

以下是我在解讀人際互動中的安撫鎮靜動作時，一定會進行的十二件事。你在面談或與其他人交談時，可以考慮利用類似的策略，不管是正式訊問、與家人的認真談話、或者與事業夥伴的互動。

❶ 視野清楚。進行偵訊或與其他人互動時，我不希望有任何東西擋住我對這個人的完整視線，我不想錯過任何安撫的行為。如果這個人用手摩擦膝蓋來鎮靜，我希望能夠看到，要是中間有張書桌，就很難了。負責人力資源的員工要知道，面談最好的方法就是在完全開放空曠的空間，沒有任何東西擋住你看應徵者的視線，這樣就能完整的觀察你所面試的人。

❷ 預期會有安撫行為。在每天的非言語行為中，出現一定程度的安撫行為是正常的，人多半會這麼做來鎮定自己。女兒還小時，她會玩自己的頭髮，用手指捲起一綹頭髮、好像完全忘了外在世界，這樣哄自己睡覺。所以我預期人或多或少都會做出安撫鎮靜的動作，就像我預期他們會呼吸，而他們會適應不斷變化的環境。

❸ 預期一開始會緊張不安。偵訊或嚴肅討論的初期會緊張是正常的，尤其會議環境

令人緊張有壓力時。例如，一位父親問起兒子的家庭作業，不會像問起兒子為什麼會因為破壞行為而被學校退學時那麼緊張。

❹ 先讓與你互動的人放鬆。隨著面談、重要會議、或重大的討論進行，參與者最後應該都會平靜下來，變得比較自在。一個好的面談者會先花些時間讓人放鬆，接著才提問或探究可能比較緊張的話題。

❺ 得知對方的基準行為。一旦人的安撫行為減少，或回穩至這個人的正常情況，面談者可以將這樣的鎮靜程度當作評估未來行為的基準。

❻ 安撫動作是否增加。當對話進行時，你應該仔細觀察安撫行為，以及頻率是否增加、尤其是驟增，在你提出特定問題或他聽到特定資訊時，特別要留意他的反應。安撫增加是一種線索，表示這個問題或資訊引起這個人的困擾而需要鎮靜，而這個話題值得進一步關注。

重點是正確的找出到底哪個問題、資訊、事件引發了安撫反應，否則你可能會導引出錯誤的結論、或是將討論導向錯誤的方向。例如求職面試時，問了應徵者前一個工作時，開始拉開襯衫領子透氣的安撫動作，顯然這個問題引起相當大的壓力，使得他的大腦需要安撫鎮靜。這表示這個問題需要進一步追究，不見得有欺騙，而是這個話題引起了受訪者緊張。

❼問、停、看。好的面談者不會像機關槍似的，用一個接一個的問題連珠炮轟炸。如果你的不耐煩或傲慢莽撞惹惱了你說話的對象，你就很難準確的察覺謊言。提出一個問題，然後等著觀察所有的反應。給受訪者時間思考和反應，要留下意味深長的停頓，才能達到這個目的。

❽此外，問題應該要精心擬定，以便誘導出具體的答案，好讓你瞄準事實與謊言。問題愈具體，你就愈有可能引出精確的非言語行為，而你現在已經對無意識動作有更多了解，判斷就會更精準。

❾很可惜的是，執法單位的偵訊經常是持續性連珠炮訊問，結果取得的口供並不真實。連珠炮轟會引發高度緊張而模糊了受偵訊者的非言語信號。我們很清楚，清白無辜的人會坦承犯罪，甚至提出自白書，只為了結束充滿壓力的緊張審訊。這同樣適用於兒女、配偶、朋友、及員工在被過於熱切的人盤問時。

讓面談的人保持專注。面談者應該要謹記，很多時候人們只是在講話——說著他們自己版本的故事——其中有用的非言語會比在面談者掌控話題範圍時要少。針對性的問題會誘引出有助於判斷一個人誠實與否的行為表現。

喋喋不休並不是真話。新手和老鳥面談者都會犯的一個錯誤，就是常常把話說個不停視同說實話。當受訪者說話時，我們傾向相信他們；當他們沉默保留時，我們會假定他們

### 案例58：說個沒停的人，不一定誠實

我記得我在喬治亞州美肯（Macon, Georgia）偵訊一位女士的經驗。頭三天，她自動自發的提供我們一頁又一頁的情資。偵訊終於結束時，我真的覺得我們已經大致了解，直到要證明她的話時。我們花了超過一年的時間，調查她的供詞，跑了美國與歐洲，花費了大量的心力與資源後，我們發現她告訴我們的每一件事都是謊言。

她提供我們一頁又一頁看似真實的謊言，甚至還把她無辜的丈夫扯進來。我要是記得「合作並不等於說真話」，要是我仔細的觀察她，我就不用白白浪費大量的時間和金錢了。她提供的資訊聽起來似乎可靠可信，但全都是廢話。

我真希望這件事是發生在我職涯的早期，但並不是。我既不是第一個、也不會是最後一個被這樣耍弄的偵訊員。有些人話很多，你一定要提防這種喋喋不休的詭計。

在說謊。交談時，針對一起事件或局面提供驚人的大量資訊與細節的人，可能看似說實話；但是，他們可能是在丟出杜撰的煙霧彈，希望模糊事實或改變談話方向。真相會大白，並不是因為說出來的素材數量，而是驗證說話者提供的內容。（見案例五八）。

❿壓力會出現，也會消失。根據多年來對受訊者行為的研究，我得出一個結論，一個有犯罪意識的人在被問到難以回答的問題，例如：「你有進去過瓊斯先生

的家嗎？」會接連表現出兩種明顯不同的行為模式。第一種行為反映出聽到這個問題時所感受到的壓力。受訪者會無意識的以各種疏離動作反應，包括縮腳（雙腳遠離調查者）或傾斜身子遠離、或緊縮下顎和雙唇。接下來會出現第二組相關行為：針對壓力的安撫反應，可能包括在他思索問題或答案時，有類似摸脖子、搓鼻子、或按摩脖子的信號。

⑪隔離出壓力因素。連續出現兩種行為模式，亦即呈現壓力指標後、接著出現安撫行為，然後被錯誤的關聯欺騙。這種看法不對，因為這些行為的解釋就是行為本身的表面意義——受到壓力與減輕壓力，不見得表示不誠實。說謊的人可能會表現出相同的行為，但是緊張的人也會出現這些行為。有人認為：「如果說話的時候摸鼻子，這人就是在說謊。」或許騙子真的會在說話時摸鼻子，但是誠實的人承受壓力時也會。

摸鼻子是一種減輕內在緊張的安撫行為，並不能解釋不安的來源為何。即使是退休的FBI探員超速行駛而被攔下來，在把車開到路邊時也會摸鼻子（是的，我繳過罰單）。不要輕率的把紓壓動作認為是說謊。

⑫安撫動作透露的訊息很多。安撫行為幫助我們辨認一個人何時感到緊張，意思是我們要進一步聚焦與探究問題，而不是訊問到此結束。有效的訊問可以讓我們在任何人際互動中引導出安撫動作，辨識這些安撫動作在何種狀況下呈現，可更加了解一個人的想法與企圖。

## 偵測謊言時要注意兩種模式

關於肢體信號能提醒我們留意對方可能說謊，你應該留意同步性與加強語氣。

### 同步性——言行不一嗎？

在本章稍早，我提過「同步性」是判斷人際互動中自在程度的重要依據。同步性對於判斷欺騙行為也同樣重要，要留意語言及非言語內容之間的同步性、當下環境與談話主題之間的同步性、事件與情緒之間的同步性，甚至是時間與空間的同步性。

被訊問時，一個人的肯定回答，應該會同步出現立即支持說話內容的頭部動作，不應該有耽擱。缺乏同步性是當一個人在點頭表示肯定時，同時說的卻是：「不是我做的。」類似的是不同步，就是當一個人被問到：「你會在這件事上說謊嗎？」他回答：「不會。」以後卻輕輕的點頭。在發現自己出現這樣的失誤時，一般人會徹底改變頭部的動作，企圖做損害控管。

不同步的行為看起來矯揉造作。通常一句謊話，例如不老實的「不是我做的」之後會接著出現一個明顯延遲、又沒那麼明顯的表示否定的頭部動作（如果點頭就更明顯做作）。這些行為並不同步，因此比較可能會與欺騙畫上等號，因為在表現上流露出不安。

所說的話及當下的事件，兩者之間也應該有同步性。例如，當父母親報案表示他們的小嬰兒疑似被綁架時，事件（綁架）與他們的情緒應該同步。憂心如焚的母親與父親應該會吵著要求執法單位的協助、強調每個細節、感受到最深刻的絕望、渴求幫忙、而且願意一再講述案情，甚至冒著隱私曝光的危險。當這類的報案事件是由沉著的人所提出，看起來比較關心事件要用哪種特定版本讓別人知道，而且缺乏始終如一的情緒展現，要不就是比較關心自己的利益感受以及別人的觀感，這種行為，就完全與情境不同步，也與誠實不一致。

最後，事件、時間與空間之間應該有同步性。如果朋友、配偶、或小孩溺水，這人卻延誤報案，或是跑到另外一個轄區報案，都應該合理的予以懷疑。再者，報案的事件若是從報案人的位置根本不可能觀察到，這也是不同步，因此應該存疑。說謊的人不會考慮到同步性，而他們的非言語行為與所說的話，終究會出賣了他們。**表現出同步性，這是呈現自在的一種形式**，在警方偵訊以及告發犯罪事件中扮演著重要角色。

## 加強語氣的動作

說話時，我們會自然的用上身體的不同部位，像是用上眉毛、頭、雙手、手臂、身軀和雙腳，來強調一個我們有強烈感覺的重點。觀察強調語氣很重要，因為一般人真誠不造作時都會加強語氣，這是腦緣系統對溝通的貢獻。

相反的，當腦緣系統不支持我們所說的話時，我們很少會加強語氣，甚至完全不會。**說謊者多半不會加強語氣，因為說謊者會忙著用「認知大腦」來決定要說什麼、以及怎麼騙人**，很少會去想到謊言的表現方式。當被迫撒謊時，大多數的人不會察覺到日常對話中，他不自覺加強了語氣或加重強調。當說謊者試圖編造答案，他們加強的語氣看起來並不自然或者會有延遲，他們很少在適當的地方強調重點，或者只會選擇在相對不重要的事情上加強語氣。

我們會以口語和非言語方式加強語氣。在口語上，我們透過聲音、音調、語氣，或者反覆述說來強調。我們也會以非言語行為來加強語氣，在試圖分辨對話真假時，判斷這些行為甚至要比辨別說話內容更準確。一般人通常在說話時會用上雙手，以手勢凸顯言詞，甚至會在強調語氣的時候敲擊桌子。有些人則會用指尖強調，用指尖做手勢或是碰觸東西。手部的行為能補強真誠的言詞、想法、以及真實感受。挑眉（眉毛閃動）以及張大眼睛，也都是強調重點的方式。

另外一種加強語氣的表現是將身軀向前傾，表示有興趣。我們會利用抗拒地心引力的姿勢，例如在提出重要或情緒激動的重點時會踮起腳尖。坐著時，一般人會在強調重點時將膝蓋突然提起來以加強語氣，而且還會在膝蓋抬起來時拍打膝蓋額外加強，顯示情緒上的興奮。對抗地心引力的姿勢象徵加強語氣與真實感受，說謊者很少會表現出來。

相對的，一般人不強調語氣或對自己的說詞不投入時，會躲在手後面講話，也就是用手遮住嘴巴講話，要不就是臉部表情不多。一般人對自己說的話並不熱衷時，會控制自己的表情、限制其他動作，還會有退縮的行為。虛偽的人通常表現出慎重、沉思的動作，例如手指貼著下巴或撫摸臉頰，好像他們還在思考要說什麼；這迥異於誠實的人，他們做的是強調自己的重點。說謊的人花時間評估該說什麼以及別人的接受度，這與誠實的行為是不一致的。

## 偵測謊言時應考慮的特定動作

你檢視別人加強語氣的方式、藉以偵測說謊與否時，以下幾件事情應該要留意。

### 不太用手勢來強調

手臂缺乏動作與缺乏重點，都暗示著說謊。問題是這沒有辦法與基準行為做比較，特別是在公開或社交場合中。不過，要盡量注意出現的時間與背景，特別是在一個重要的話題出現之後，任何迅速變化的動作，多半是在反映大腦的活動。手臂從充滿活力變成靜止，一定有原因，不管是灰心喪氣或是可能在說謊。

在我自己的偵訊經驗裡，我注意到**說謊的人通常比較少表現出塔狀手**。我也會觀察那些好像坐在「逃生座椅」上，以固定姿勢坐著、手緊抓著椅子扶手的人，他們發白的指關節。許多犯罪調查員都發現，當頭部、頸部、手臂、與腿部都固定在原地且幾乎沒有移動，而雙手與手臂又抓著椅子的扶手，這樣的行為非常符合那些即將要開口說謊的人，不過要記住，這並不是絕對的指標（見圖88.）。

有趣的是，當有人做出與事實不符的宣告敘述時，不僅會避免碰觸到其他人，還會避免碰到東西，例如講台或桌子。我從來沒看過或聽過有人在信誓旦旦的大聲說謊：「不是我做的」時，同時還能用拳頭重擊桌子。通常我看到的都是微弱、沒有強調行為的緩慢陳述，加上同樣溫和的手勢。

圖 88.

長時間坐在椅子上，好像凝結在逃生座椅上一樣，是高度壓力與不安的證據。

說謊的人對自己說的話缺乏熱情與信心，雖然他們的思考腦（新大腦皮質層）會決定要說什麼才能騙過別人，但他們的情緒腦（腦緣系統、誠實腦）就是不會對詐騙花招積極投入，因此也就不會用手勢之類的非言語行為來強調說詞。腦緣系統的感受是難以凌駕的，試著對某個你不喜歡的人開心微笑，一定很難做到。就像不真誠或虛假的微笑一樣，不誠實的說詞伴隨著的是微弱或被動的非言語行為。

## 掌心向上或向下

當一個人將往外擴展的手臂放在身體前面、手心向上，這就是大家知道的祈求或「虔誠禱告」的動作（見圖89.）。祈禱禮拜的人會把手心朝上向著上帝，懇求寬容慈悲。被俘虜的士兵在接近逮捕者時，也會把手心轉

圖 89.

手心向上或「祈求」的姿勢通常表示這個人希望被相信，或是希望能被接受。這並不是一種支配、自信的表現。

為向上。這種行為也可見於那些希望你相信他們說詞的人。討論時，觀察與你談話的人，當他做出宣示性陳述時，留意他的雙手是手心向上還是向下。在探討想法、而且沒有人對特定重點有熱切執著的一般討論中，我預期會看到手心向上和手心向下的行為表現。

不過，當一個人在做出激昂自信的宣言如：「你一定要相信我，我沒有殺她。」雙手應該會朝下（見圖90.）。如果是手心朝上說話，這個人是要懇求別人相信，我會認為這樣的說詞高度可疑。儘管這並不是絕對可靠，但我寧可繼續質問任何手心朝上時所做的宣示性陳述。

圖 90.

手心朝下時說出來的說詞，比起手心向上用祈求的姿勢所說的話，要來得強而有力，也比較有自信。

## 宣示領域或龜縮

當我們自信且自在時，身體會向外舒展；當我們不那麼放心時，通常占據的空間會比較少。在極端的情況下，難過的人可能會將手臂與雙腿交疊，往自己的身體內縮，採取一種近似胎兒的姿勢。令人不舒服的談話也會引發各式各樣的退縮姿勢：雙臂像麻花一樣的交纏、腳踝交扣固定，有時候幾乎到了旁觀者都替她覺得痛苦的地步。關於身體姿勢，要特別留意姿勢出現重大變化，尤其是隨著話題改變而同時發生，可能是說謊的指標。

當我們對自己的說法有把握時，通常會抬頭挺胸的坐著，肩膀與背部張得大開，顯現出一種代表有安全感的直挺挺姿勢。如果要騙人或根本就是在撒謊時，一般人通常會無意識的駝背或陷進家具裡。沒有安全感、或對自己、自己的想法信仰沒有把握的人，通常是有點駝背，但有時候會驟然低下頭來，肩膀朝耳朵聳起來。每當有人不安而且打算從開放空間躲起來時，如果看到這種「烏龜效應」，肯定是不安與不自在。

## 不流暢的聳肩

雖然我們在對某件事情沒有把握時，偶而會聳肩，但是，說謊的人在對自己沒有信心時，會做出不太一樣的聳肩動作。騙子的聳肩動作之所以異乎尋常，在於動作不完整，且會因人而異，因為做動作的人對於正在表達的事情並不完全投入。如果只有一邊肩膀聳起，或者肩膀升到幾乎接近耳朵然後放下，這是高度不安的象徵，有時候可以在準備對一個問題提出不實答案的人身上看到。

## 專家如我，成功率也只有一半

就如同我在本章開頭時所說的，過去二十年的研究清楚指出，沒有一種非言語行為能夠明確代表欺騙行為。就像我的朋友兼研究員法蘭克博士（Dr. Mark G. Frank）一再告訴我的：「喬，說到說謊欺騙這回事，很遺憾人類沒有『小木偶作用』（Pinocchio effect，說謊鼻子就會變長）。」因此，為了區分事實與謊言，唯一實際可行的辦法，就是仰賴那些表示自在或不安、同步性、與加強語氣的行為來引導我們。它們是一種指南或典範，就是這樣。

一個人覺得不自在、不強調重點、溝通交流缺乏同步現象，至多可能只是不善溝通、不安，最壞的情況則是在說謊。不安的可能原因很多，包括反感、對話環境不佳、或是對於面談覺得焦躁。當然也有可能是因為有罪、有犯罪意識、必須隱藏情報、或者就是在撒謊。好在看了這本書以後，現在你知道應該繼續探究追問、如何追問、如何辨認不安的跡象、以及從整個時空脈絡研究他們的行為，至少你不會貿然斷定說謊。唯有進一步追問、觀察、求證，才能證實誠實。我們沒有辦法預防別人對我們撒謊，但至少在他們企圖欺騙我們時可以提防。

最後，小心不要以有限的資訊或只根據一項觀察，就把別人貼上說謊的標籤，許多良好的關係就是這樣被破壞的。記住，說到要偵測出謊言，即使是最好的專家，包括我自己，也只比碰運氣好一些，看對的機率只有百分之五十。坦白說，就是還不夠好！

# 第 9 章

# 約會須知

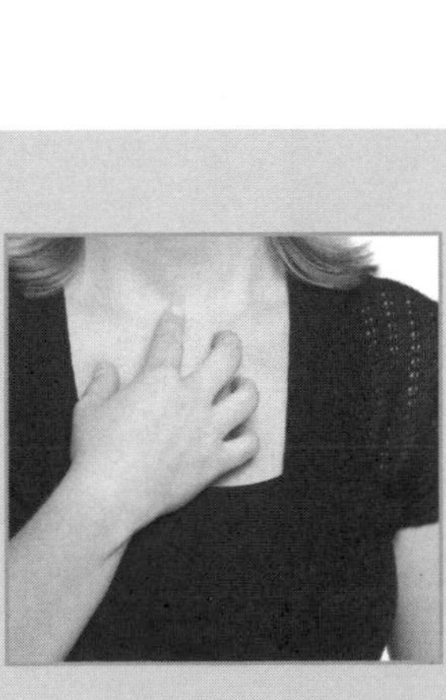

我常被人問說，有沒有某些行為是每個約會的人都該事先了解的，而這些行為又會是什麼樣。基本上，就是能夠最準確反應某人感受、思考與渴望的行為。本章就是為了讓你做到這些行為，將我認為最重要的「肢體語言線索須知」傾囊相授，讓你約會愉快，並建立良好的人際關係。會選出這些行為，是因為他們常被遺漏或尚未被了解，不過它們每一次都準確可靠。如果想揭曉我們的感受、以及他人對我們的感受中所隱藏的意義，這些行為可說是舉世通用的。可惜大多數探討肢體語言與約會的書籍，都沒有提到。

但在我們開始之前，我想跟你分享一個實用的模式，讓你解讀他人的肢體語言。我在本書不斷強調過解讀肢體語言最重要的，是專注在兩個基本領域：**舒適**與**不安**。

我們大腦的腦緣系統掌管情感與生存，透過肢體語言來溝通我們的情感以及對他人的感受——基本上就是我們內心的一切。數百萬年來，我們都透過這種非言語的方法，與他人互相溝通想法與情緒，而且至今依舊如此。事實上，我們在約會或人際溝通時，**非言語的部分占了八〇%**。

幸運的是，我們的「邊緣腦」總是「開著」，下意識的評估任何可能對我們造成威脅、或讓我們不舒服的事物，並立即對任何接收到的訊息做出反應。所以當某人看起來很兇，或對我們感到厭煩時，我們的腦緣系統就會對那樣的訊息做出反應，讓人感到高度不安。同樣的，假如某人以關愛的眼神看著我們，我們的邊緣腦也會有反應，將血液流到皮膚裡，放鬆臉部肌肉，引導我們的身體面向對方的關愛。

腦緣系統不只對外界做出反應，也試圖讓我們感到舒適。所以當某人說了不中聽的話，我們就會往後靠，或是在兩人之間置入物品（錢包，甚至是翹腳），這樣我們就會稍微舒服一點。

這些腦緣系統造成的行為，是不經思考就即刻發生的，所以它們與言語不同，總是能反應我們真正的情緒（這就是為什麼邊緣腦也被稱為「誠實腦」）。當某個你不喜歡的人進到房間，你會無意識的立刻對那人做出情感反應。你的臉會反應你的感受（瞇眼），或者你全身都會做出反應，例如稍微轉開，或是避免眼神接觸。在所有情況下，你大腦處理的事物都會反應在肢體語言上。

簡單來說，在生活中我們對事情只有喜歡與不喜歡的分別；不是感到滿足，就是感到不開心；不是感到放鬆，就是感到焦慮；不是充滿自信，就是缺乏自信。仔細想想，我們就像嬰兒一樣，天生就懂得用非言語表達自己的舒適與不安，而且這也是我們最主要的溝通方式。透過準確反應我們的想法與感受，我們的身體能夠傳達有價值的資訊給他人。這就是這章希望你可以判斷的事，這樣你就能更準確的解讀他人的感受、想法、渴望，甚至是意圖。

## 眼睛：求愛階段會有大量凝視

我們的眼睛能夠強烈的溝通情感、想法與渴望。從我們出生的那一刻起，眼睛就能細膩溝通我們的真實感受、舒適與情感。它們能溝通正面的情感，例如興奮、期待、快樂等；但也會透露出負面情緒，例如恐懼、憂慮、悲傷與不安。眼睛被稱為靈魂之窗，我認為這千真萬確。

講到人際關係與約會的話，眼睛是用來溝通我們懷抱的興趣、熱情與愛情。在約會或求愛的早期階段，之所以會有大量的凝視，是因為眼睛溝通太多資訊了。我們會被對方的眼睛迷住，因為我們一邊從它們當中尋找線索與資訊，一邊用孩子般的興致探索它們——對它們的反應做出反應，盼望愛意的跡象。所以當對方瞳孔放大，我們會感到舒適與受到歡迎，但瞳孔縮小的話，我們就立刻了解，它在告知我們事情起了變化。

我們在眼神中看到的變化，反映出對方腦海裡的想法，通常會讓我們知道事有蹊蹺。你一定看過專心於某工作的人，透過掙扎與困惑的眼神，傳播他遭遇到的困難。這就是眼睛的美麗之處，它們實在太誠實，能夠即時透露出大腦正在感受或處理的事物。

我們的眼睛會根據其面對的各種外界狀況而做出反應。當鄰居告訴我們，他不小心撞到我們的車，我們的眼皮就會重重垂下，或是我們會用手指揉眼皮。傳達出來的訊息都一樣：「我不想聽」，但我們還是保持微笑，因為我們是好朋友。但那種誠實的阻擋反應（垂下眼皮，用手指遮住眼睛），還是又快又真實的傳達我們的情緒，即便我們希望是別種狀況，也還是一樣。同樣的，當對方取消約會，我們也會發現自己的眼皮沉重垂下，當下就反映出我們真實的感受。這就是眼睛的細緻之美，它們擁有身體中最快速的肌肉，能夠在我們意識到之前，有效而即時的溝通想法與感受。

當彼此間的關係出現動搖，眼神接觸與眼部行為也會跟著動搖——在事情出錯之前就先露餡了。避免眼神接觸、翻白眼、畏縮等明顯的跡象，都顯示出有爭端在醞釀著。還有其他不一定會被察覺的眼部行為：提到某個話題的時候，眼睛稍微瞇了一下；絕望與憂慮的冰冷眼光；避免眼神接觸；輕蔑與漠不關心的眼神——甚至與你的真實想法和感受相衝突。一切事物都透過眼睛來溝通，不管嘴巴怎麼說，眼睛永遠是正確的。說到底，**我們已經有多少次透過肢體語言做出準確反應，卻為了社交關係和諧而用嘴巴否定它？**

諸如阻斷視線之類的眼部行為，可以用來找出關係中的問題，進而處理它們。同樣的，當我們的情感因某件事物而感到困擾、沮喪與掙扎，我們的眼皮就會閉上，之後就維持閉著或快速顫動，作為情緒的表達。休・葛蘭（Hugh Grant）在電影裡最著名的特色，是他搞砸事情的時候眼皮會拚命跳。

不過我們在解讀眼部行為的時候，經常存在著誤解。完全沒有、或只有一點眼神接觸的話，常被人誤解成欺騙，尤其是被人詢問的時候——因為說實話的眼神應該要堅定才對。**這個觀念並沒有任何研究或經驗支持，完全是錯的。艾爾德・瓦利傑（Aldert Vri，波特茅斯大學應用社會心理學教授）與其他研究人員已發現，說謊者反而更致力於眼神接觸，因為他們知道我們會尋找欺騙的跡象。**有時候我們眼神別開，是因為這樣比較容易傳達資訊或情感，並非因為出問題或是欺騙。所以當你的同伴眼神別開的時候，請對他和善一點，因為他可能在思考或是傳達訊息；並不一定是交際「中斷」的徵兆。根據我的觀察，當我們有幸將眼神別開，就會有最舒適的感受，因為我們可以從記憶中取回事實，或是仔細思量某個想法。

我看過人們舒適與放鬆的眼神，也看過人們突然被某件事或某個話題困擾的眼神。有問題的時候，眼窩就會立刻變窄；我稱之為「克林伊斯威特（Clint Eastwood）效應」（他在西部片裡，開槍前總是先瞇眼）。瞇眼或縮小眼窩能夠非常準確的顯示出不安、壓力、憤怒與問題。

不久以前，我在餐廳觀察坐在對桌談話的三對情侶。其中一位男子本來沉默不語，突然間開口說話，此時有對情侶完全同步的直接面向我，當男子繼續說下去的時候，他們的眼睛緊緊閉著。男子完全不在意他們的反應，但我可以看出這對情侶就是不喜歡他講的東西，並同步使用視線阻擋。這讓我想到：如果兩人彼此關係良好，他們眼部行為就會非常一致。兩方都因為彼此本身與他們之間的對話感到寬心，所以你可以從他們的眼神流轉中看到和諧。如果看到其中一方用渴望的眼神看著某件事物，而另一方用斜眼看或是翻白眼，如此的差異就能透露出兩人之間可能有問題，而且可能比看到的還嚴重。

至於情侶的話，如果他們對彼此沒有負面的眼部行為，你就知道他們關係融洽。沒有任何瞇眼暗示有事情有處理，也沒有任何閉眼，暗示自己因為要開誠布公某件事而感到沉重。不好的關係總是離不開負面的眼部行為，因為眼睛會反應你的心情與想法。

我建議情侶與個人，如果他們開始看到這些負面的眼部行為，就應該把它當成機會來探詢其他意見，看看是真的出了問題，還是對方只是想更開放溝通、談的更詳細一點。不管如何，這些都是腦緣系統對感受與情緒的表現，每一分一毫都很重要——甚至比口語還重要。你最好立刻找出問題所在，不要任由關係因沉默而逐漸冷淡。

所以不管你是誰、你年紀多大，或你的關係發展到什麼地步，將注意力轉回靈魂之窗——眼睛，是永遠不嫌晚的。

## 皺鼻子：對某事感到厭惡

我們的鼻子不管體不體面、形狀如何，都在人際關係中扮演重要的角色。你可能以為鼻子只是用來呼吸的，但它也用來溝通。事實上，你的鼻子能夠非常準確溝通你的感受，所以我得把它列在這份清單裡。

「不喜歡、厭惡、不同意」的臉部表現是非常誠實的，而且不管多麼稍縱即逝，都能準確反應我們的真實情感，其中又以皺鼻子為最。你把壞掉的牛奶與腐敗的食物湊近鼻子，就知道我們感到厭惡的時候，鼻子會往上皺。新生兒如果不喜歡某件事物，就會緊閉嘴巴、皺起鼻子。這是舉世皆然的行為，既即時又極度準確。

我們的大腦保留了這種行為，以最原始的層級向他人表明：有事物令我們反感或不快。因為這種溝通行為太準確了，所以我們也會用它告訴他人：我們不喜歡某事物，或我們不同意這種說法。

你有沒有發現，當你講述血腥故事的時候，人們聽到都會皺鼻子？他們沒有聞到臭味，卻還是皺了。這是因為這種行為已經跟隨我們很長一段時間。「嗚噁～！」之類的驚嘆會讓我們皺鼻子，想像自己手握死魚也會。

約會時，這種行為會在討論某件事物的時候一閃而逝。為了社交和諧，一個人可能口頭上同意你，但是事實上他皺起鼻子，才是準確透露出對你說詞或意圖的感受。當他看到不喜歡的人，或是關係出現問題的時候，也會這麼做。

最近我看了電視實境秀《紐澤西嬌妻》（*The Real Housewives of New Jersey*）。其中一位妻子被問及對於另一位女子的想法。**回答之前，她的鼻子皺了二十分之一秒。**接著她開始說一些客套話，例如「喔她人還不錯啊」。之後她被私下訪談，才透露出真實的感受（然後鼻子又很誠實的皺起來）——其實她真的不喜歡那個女的。

所以當對方皺鼻子，就會非常準確而即時的告訴我們，他對某人或某事的感受。要注意的是，有些人會皺起鼻子兩側，而有些人只會皺一側——假如是這樣，就會牽動那一側的臉部，包括嘴角。就跟大多數的臉部非言語溝通一樣，它們發生得很快，所以你要先準備好該觀察哪裡。

這是其中一種可以告訴我們許多事的行為，男生與女生都會有，舉世皆然。透過探尋它們，我們就能更準確的解讀他人的想法、感受，以及他們想迴避的事物。

## 噘嘴：我不喜歡，還有其他方案嗎？

你從接下來的兩種行為可以發現，就算我們保持沉默，嘴唇也會說話，透露我們內心的真實感受。

就像皺鼻子一樣，噘嘴也超級準的。它雖然看起來像親吻，實際上卻有其他意義。當我們聞到臭味，邊緣腦就會開始運作，立刻迫使我們緊閉嘴巴。緊閉會讓嘴唇極為明顯的噘起，就跟親吻一樣，透露我們對臭味的反感。這項行為就算位於遠處，也能向他人表達「有不好的事情發生，然後我不喜歡」。有趣的是，當我們看到或聽到不喜歡、不同意或反感的事物，也會運用同樣的行為。

這裡舉個例子。幾年前我協助一對年輕夫妻買他們第一間房。當我們逐項討論各種費用的時候，女方（預算非常有限）就透露出她不喜歡這些物件。她嘴巴上不說，卻在她聽到覺得不必要或太貴的物件時，有力而準確的噘起嘴唇。噘嘴就是這麼準。她用噘嘴即時透露她反對哪些事物，而感到滿意時就放鬆嘴唇，一句話也沒說。在談論這些物件的時候，知道她心裡怎麼想其實並不意外，因為她整段過程都在溝通。

夫妻也可以利用這種行為，評估他們的伴侶對於特定話題的感受。例如我有一位很愛坐船旅行的朋友，他很久以前就學會怎麼解讀他太太的非言語溝通。他會（我親眼看過）

# 第九章 約會須知

向太太一一列舉下次旅行想去的地方，然後觀察太太對每個地方的反應。如果她不喜歡提到的地方，嘴唇保證會在最準確的時機嘟起來。藉由這樣的資訊，我朋友就會跳過那個地方，接著討論下一個可能雀屏中選的合適地點。

這種嘟嘴行為的真正意義是「我不喜歡」或「我正在想有沒有其他方案」，可以拿來當作某種風向球，看看哪些事情行得通，或即時了解某事物絕對不受喜愛。

例如你問朋友說：「想去公園嗎？」如果他們嘟嘴的話，接著你就可以問說：「還是去別的地方？」他們就會回覆你別的提議，例如看電影。因為嘟嘴表示「我不喜歡」或「我喜歡別的」，所以這行為很有用。

嘟嘴是一種捷徑，讓你知道別人對某事物的想法與感受。如果你的伴侶已經嘟嘴表示不同意，讓你知道你提的東西不是他的第一選擇，何必浪費他的時間、或你的約會時間在這個話題上？接著討論下一個吧。

顯然這是非常有用的行為，幫助你切入正題，專注在對方感興趣的事物上，而不是那些連考慮都不用的事物；藉此省下你的時間，甚至讓你迴避敏感的話題。而且沒錯，當某人走進房間的那一刻，它也能告訴你另一個人對他的感受。所以請仔細留意這種嘟嘴，了解對方真正的想法與感受吧。

## 抿嘴或含起嘴唇：事情不對勁的重要徵兆

正如我之前講過的，我們的嘴唇連不講話的時候都可以溝通。當我們感到負面情緒或壓力，嘴唇透露出的訊息不會少於眼睛。觀察那些在國會作證的人（特別是那些背負壓力的人），你會發現他們的嘴唇消失了。當班機被取消時，你在機場也可以看到這種行為。

當我們感到滿足、事事順心，嘴唇就會變得會完整、柔軟、溫暖。當這種滿足的狀態改變（不管是看到、聽到或想到某件事），嘴唇就會立即做出反應。我們嘴唇的大小會隨著負面思考或情感而改變（變小或消失），讓別人知道事有蹊蹺。這真是既準確又舉世通用的行為。

抿嘴或含起嘴唇，可以從被考試搞到頭大的學生、或難以跟妻子溝通的丈夫身上看到。任何帶有壓力或有害的事物，不管是來外部（收到被取消的支票）還是內部（想到還得再去面試一次），都會使嘴唇立刻緊抿或消失。這是其中一種美妙的行為，不管你身在何處都能輕易解讀，大人與小孩都一樣。如果我們探尋它，它會告訴我們非常多對方的想法與感受。

甚至連我們對他人的情緒，都會反應在嘴唇上。**夫妻經常抱怨接吻的感覺變了，之所以會有這種感覺，多半是因為嘴唇的柔軟度與溫度與我們的感受直接相關。**當我們開始對他人付出較少的關心，那我們的身體就會反應這些情緒，我們的肌膚接觸與親吻也會變得更疏遠、更冷淡（因為流進嘴唇的血液變少了），嘴唇本身也會變窄——非常顯而易見。不管對方說了什麼，身體都比口語講得更大聲。

抿嘴或含起嘴唇，是一個人擔心、困擾或事情出錯的徵兆。對情侶來說這是無價之寶，可以立即評估某件被觀察到、或被提到的事物，是否為癥結點所在。**這種行為的言外之意極少是正面的。**例如夫妻其中一方，在另一方提議要去某人家吃晚餐的時候抿嘴或含起嘴唇，就很清楚表示事情不對勁，或是他想進行別的活動。在這種寶貴的洞見之下，情侶就能夠對彼此的需求與感受更敏感、探索可行方案或問題癥結，接著付諸行動。

## 冷笑或蔑視：你們的關係沒救了

另一種常被忽略的實用行為是冷笑。根據我與其他研究者的看法，當你的同伴冷笑或蔑視，就清楚表示彼此的關係有非常嚴重的問題，不是短時間內能解決的。

我們對工作場合的冷笑或蔑視更為熟悉——通常我們會對不想搭理的上司、或是跟不上其他人的同事作出這種表情。冷笑通常能給人力量硬撐，尤其是在上司面前感到低他一階的人，或是面對征服者的被征服者。不過如果是在人際關係方面，蔑視就是在警告你大事不妙了。

冷笑或蔑視能夠反應我們的真實感受，而且準確到值得我們特別注意。這種行為頗具決定性——心理學家約翰・高特曼與他的同事在研究夫妻的時候，發現**當丈夫對妻子展現蔑視的態度（包括冷笑與嘲弄），這段關係就沒救了，最後可能還會離婚**。他也發現夫妻彼此展現友善、尊重與愛意，還經常互開玩笑的話，關係就會持久。

蔑視可能很輕微，或是從一段距離內就能看見。它通常需要緊抿嘴唇，讓嘴角微微上揚（一邊或兩邊都有可能，是那個人或感受的深刻程度而定），形成酒窩。這是舉世通用的行為，能夠誠實的溝通真實情緒，可惜的是這種情緒不一定是對方所期待或想要的。

所以你要仔細觀察是否有蔑視的現象，而且如果看到的話，要注意這並非一閃即逝的臉部意見，而是深層情感（負面情感）的反應，可能在當下或未來，對你的關係造成不良後果。

## 頸部碰觸：讓脖子看起來變短的烏龜效應

我們大多數人不會對脖子想太多，認為脖子只是用來支撐頭部、配戴珠寶或讓別人輕吻的部位，而不是傳達訊息的地方。不過脖子是身體上最脆弱也最重要的部位（空氣、血液、神經與食物都聚集在此處），所以它也能夠讓你擷取資訊，評估他人對你的感受。

如果我們在他人身旁感到真正舒適的話，就會對他們露出脖子。我們會把頭偏向一側，把身體最重要的區域揭露出來。不管是與愛人相處，還是聆聽愉悅的音樂、摯友的故事或有趣的演講，打從我們出生的那一刻，就會對喜歡的人、事、物露出脖子。不過，假如我們突然感到不適、談話的性質困擾到我們或不喜歡某人，就會立刻僵直脖子，結束其暴露的狀態。

當關係存在問題的時候，我們最容易察覺頸部行為。你之前可能沒察覺「頸部碰觸」有多明顯，但我們通常只在感到壓力、缺乏安全感、恐懼與缺乏自信的時候才會這麼做。事實上，透露這些訊息的頸部行為中，有不少還滿明顯的，例如**把衣領拉離脖子透氣**，就像羅尼・丹傑菲爾德（按：Rodney Dangerfield，美國喜劇演員，名台詞是「我沒得到尊重！」）沒得到尊重時會做出的動作，或是按摩脖子表示自己備受壓力或憂心忡忡。甚至就算是輕微的頸部碰觸，也經常表示有事情在困擾我們。如果細心的觀察者能利用這個資訊，確定哪裡出問題、或甚至缺乏安全感，就能受益良多。

三十年前我當警察開罰單給別人的時候，第一次察覺到頸部行為。他們會觸碰衣領、拉下巴的肉，或是輕撫脖子兩側。之後在FBI，我在偵訊別人的時候也常看到這種行為。每當我看到某人回答問題的時候觸碰脖子，都知道一定有問題。這表示他們很焦慮，或在擔心某件事。

男性觸碰脖子的動作比較粗魯，而女性比較溫柔、快速。事實上，女性會專注在「頸窩」（又稱「頸切痕」，位於脖子底部、喉結的正下方）上。觸碰頸切痕的動作，是缺乏安全感、焦慮、缺乏自信、不適或壓力的強烈指標。男性碰觸此處的動作就比較含蓄（例如把玩衣領或領帶結），以掩飾自己的不快。不管是輕觸脖子、粗魯的抓脖子還是用食指集中碰觸頸切痕，都代表同一件事：壓力、缺乏安全感、恐懼，或是某種心理上的不適。

最近我問我太太，有幾箱訓練教材不知道寄出了沒。她確認已寄出，但我看見她在碰脖子。發現她在擔心之後，我就繼續追問，她才說教材已準時寄出沒錯，但她很擔心沒有送到。當然這件事一通電話就解決了，但可以當作一個好例子，看看這種資訊如何用來闡明問題、發現真實的情緒——或許它們不是口頭能表達的。

我們心有疑慮的時候，不只會碰觸或按摩脖子，還會做出其他有趣的行為，溝通我們的不快與缺乏安全感。男性會拉脖子旁邊的衣料透氣，或拉住衣領末端。女性則是撫摸脖子背側，將頭髮抬高透氣。兩種情況都代表同一件事。你在大熱天可以明顯看到這些行為，但當某人正在應付有壓力的事情，或是被問了很煩的問題，你就可以將這種行為視為一種反應。

你也可以看到當某人缺乏自信或被某件事困擾的時候，脖子會縮起來。我曾經在偵訊時看過，某人的肩膀往耳朵抬高，讓脖子好像「消失」了，這我稱之為「烏龜效應」。這是非常好的壓力、焦慮、缺乏自信或擔憂之指標。你會經常在欺騙者身上看到這種行為——說謊時肩膀抬到耳際然後定住，讓脖子看起來變短了。

在一段關係之中，脖子就像是信標一樣，警告我們那些事情可能有問題。就像燈塔一樣，脖子優雅的警告我們對方心裡懸著什麼事。對觀者來說，它能幫助處理問題、迴避麻煩，或讓我們能迅速以同理心援助對方。觀察別人的行為這麼多年，我可以斷言碰脖子與頸部行為是其中幾個最容易被忽視的行為，不過它們也無疑能最準確的指出，某件事物下意識讓人感到不快。

## 腹面抗拒與相對：肚子轉開，你就給我滾開

我在本書介紹過「腹面抗拒」與「腹面相對」這兩個名詞。我們都聽別人說過（象徵性與實際上都有）：「不要背棄我！」（don't turn your back on me!）。我們聽過或看過它的理由，是因為這是舉世皆然的行為——連兩歲小孩都會；當不喜歡對方本身、言語與表

達的時候，這是一種與他保持距離的形式。

數百萬年來，我們的物種透過袒露腹部，用各種形式向他人溝通我們對他們的感受。我們為自己相信與關心的人保留這種行為，這就是為什麼你會看到嬰兒、熱戀情侶、甚至狗狗袒露自己的腹部。這是在向他人表達「我在你身邊感到放鬆與舒適，而且我關心你」。因為腹部是我們最脆弱的一側，所以只有在心裡感到舒適的時候會袒露出來。

相反的，如果當我們對他人感到不適，就會立刻出現腹面抗拒，這是一種腦緣系統的防禦機制，用來溝通我們的真實感受。在對話的來回之間，我們感受與情緒會反應我們不斷改變的非言語行為。如果我們這一分鐘聽到討厭的事情，下一分鐘又聽到喜愛的事，我們的身體就會透過腹面抗拒與腹面相對，分別反應前者與後者，依照我們對對方發言的感受而定。

不過許多人會忽略這種非常真情流露的行為。你可以觀察在酒吧裡被人騷擾的女性，她會立刻稍微側身（腹面抗拒），將包包放在大腿上，只進行有限的眼神接觸，或許還用肩膀當作屏障。這不只是拉開距離，還是發自內心的保護動作（一種對任何威脅我們、或讓我們心裡不安的事物，所做出的進化反應），保護我們最脆弱的一側。

另一個好例子是觀察派對裡的人——當某個剛到的人沒特別被喜歡或歡迎的時候，其他人都會開始稍微側身，或是把身體退開保護自己，賞人「冷肩膀」（按：the cold shoulder，刻意不理人的不友善行為）。

腹面抗拒是關係出問題時的最佳指標之一。當情侶開始彼此腹面抗拒，那關係就完了，甚至連彼此間隔了一段距離也一樣。我想起一張照片中，查爾斯王子與黛安娜王妃在一起的最後幾個月期間，坐在車子裡的時候就是彼此腹面抗拒，所以我很清楚他們對彼此的感受，以及這段關係會如何演變。我發現有句話能夠幫你記住這種行為：**「肚子轉開，你就給我滾開。」**（Belly away, don't want you to stay.）

## 手掌碰觸：我可以從指尖感覺出你的溫柔

手掌與手指能夠非常強烈的傳達我們的情感狀態。記得電影《第六感生死戀》（*Ghost*）裡最感人的那一幕，派屈克・史威茲（Patrick Swayze）在黛咪・摩兒（Demi Moore）捏陶土的時候，握住她的手嗎？碰觸是很重要的，我們碰觸對方的方式，對彼此間的關係可說至關緊要。

我們從出生的那一刻就學會這種力量。母親會用整個手掌（溫暖、放鬆、因血管舒張而血流旺盛）溫柔的碰觸兒女。這叫做「手掌碰觸」，對結成親密關係的過程與孩子的舒適功不可沒。對母親與子女雙方來說，這種互相撫摸會釋放一股神經化學物質，來鞏固兩者之間的聯繫，其中就包括催產素（按：Oxytocin，一種哺乳動物激素，能促使子宮收縮，用在引產、加速分娩、及停止產後出血）。催產素通常會在碰觸或愛撫的時候釋放，而且連做愛也會，所以對成人之間的關係也有幫助。

碰觸動作是極為有效的鎮定劑，這就是為什麼我們會向他人（哭鬧的小孩）或自己（梳理或輕撫頭髮、搓手、碰鼻子、按摩額頭與脖子）做出這種行為。這也是一種有效表達「我關心你」與「我愛你」的方式。碰觸行為的力量實在強大，對於身心健康是不可或缺的。

在人際關係中，碰觸行為成為非常重要的表達媒介，尤其是用來溝通舒適與不安，基本上就是對我們任何時刻的情感與感受，提出一種報告。當我們碰觸關心的人，會下意識的將整個手掌張開。手掌既放鬆又溫暖，手指是散開的；這樣的碰觸能夠溝通我們的感受。碰觸的頻率、期間與強度，也同樣會溝通我們的感受。

當情侶互相關心，就會有許多針對臉部、頸部、肩膀、軀幹、手臂與手部的手掌碰觸。令人舒適的全掌再次傳達了非常多的資訊。我們甚至透過衣服都能感覺到。**不過手掌也可能會騙人，因為我們可能分辨不出全掌碰觸跟其他較冰冷的碰觸之間有何差異**——冰冷的碰觸能夠警告我們出問題了。

當關係出問題，或情感承諾不多，我們就傾向用指尖碰觸，或只稍微碰觸一下。這叫做「末端碰觸」（distal touching），是我們碰觸不喜歡、或無法忍受的東西時，下意識會使用的方法。當你或你的伴侶開始較少碰觸，或只用指尖碰觸，代表愛意可能退燒了。隨著時間經過，彼此疏遠的狀況會越來越明顯，不及早處理的話，可能會使關係惡化。這是其中一種讓我們知道對方正在疏遠的行為，不管是肉體上還是情感上皆是如此。這就是為什麼作詞家會寫說：**「從指尖感覺不出你之前的溫柔。」**它能準確反應我們的感受，或是我們不再關心的事物。

## 用手指交錯來平靜心情

我們的雙手每天都在照料我們。它們會梳理頭髮、整理睫毛、抓鼻子、綁鞋帶，而當我們緊張的時候，它們也會輕觸皮膚來撫慰我們的神經。雙手很多方面都像是大腦的鎮定劑，不只有吸大拇指而已。

當我們緊張的時候，就會輕微搓手，用手指輕觸另一隻手的手掌。當我們感到壓力，就會將手指交錯，讓手緊握在一起——我保證你一定看過等候壞消息的人做出這種行為好幾次。不過當我們極度憂傷的時候，會僵硬的伸出手指並交錯，同時前後搓手。我們的大腦會為這種事態糟透（也就是情感問題嚴重）的時刻「保留」這種行為，其實還滿獨特的。當事情嚴重出錯、令人難堪或憂傷的時候，這行為可能是最準確的指標之一。

我還滿常看到這種行為，尤其是一個團體不用言語表達擔憂與恐懼，卻下意識用手指交錯的搓手動作來表達的時候。當人們被抓到作弊、說謊、重要場合遲到卻沒有理由、或未完成重大責任時，你經常能看到這種行為。

根據推測，腦部可以藉由交錯手指，從手指表面區域接收到額外的觸覺，進而讓腦部感受到更大的撫慰感。如果你發現心愛的人邊討論某個話題邊做出這種行為，就要確認是否有嚴重的問題藏在背後——就算身體其他部位的行為並非如此。

危難的話題（像是丟工作、或甚至車禍）是很難說出口的，所以我們會在這種情況下，看到人們摩擦交錯的手指來釋放額外的壓力。對愛侶來說，這是對方在壓力極大的情況掙扎時，能夠向他表達同理心的機會。這是個很棒的機會，讓你能表現出自己了解發生了什麼事，以及你關心的事。

## 雙腳：情侶的腳會在桌下交纏

談到約會與人際關係，有誰想到雙腳也會被提到？但這不得不提。為什麼？**因為你的腳是身體上最誠實的部位。沒錯，就是腳，不是手、臉，更別提言語了。**你的腳能準確反應你的想法、感受、渴望、恐懼與意圖，而且是立即反應。

你永遠不會看到某人衝向建築物的邊緣，因為大腦不允許雙腳這樣做。大腦會強迫你的雙腳「漸漸靠近」懸崖，這純粹是為了生存上的理由。如你所見，你的雙腳負責保你的命，而當你看到危險的動物，或甚至你不喜歡的人，你的大腦就會下意識的強迫雙腳走開、定在原地不動或逃跑，連想都不用想。

同樣的，你的雙腳會讓你遠離前方使用提款機的人來保護你，也會讓你遠離不喜歡的事物。有人走進來而你不喜歡他們的話，你的雙腳一定會立刻往旁邊指、朝向其他出口，或往其他方向退開。如你所見，就跟其他許多行為一樣，「遠離」是用來保護我們的。我們的邊緣腦總是保持運作，感到負面或威脅性事物時，就會叫雙腳趕快走開，保持距離。

此外，邊緣腦在我們感到威脅、沒安全感或壓力的時候，會下意識限制住雙腳。事實上，雙腳是我們對許多事物感受的極佳指標。它們能表達幸福與滿足，也能表達害羞與不安。所以講到舒適與不快，雙腳是極度誠實的。

我們的雙腳會藉由彼此靠攏、或甚至嬉鬧般的碰觸，向他人表達自己的舒適。當我們關心某人，雙腳就會像是早有準備一樣的接近他。情侶的腳會在餐桌下交纏、甚至相互調情。不過當我們情緒改變的那一刻，腳就會立刻縮回來。我的研究發現，當情侶之間愛意開始退燒時，腳也會跟著縮回去。**腳在桌子下互相碰觸的次數會變少，更別說床上了。**

在社交場合，**女性如果在酒吧用腳尖勾著鞋子嬉鬧，就會讓身旁的男性知道她感到很舒適**。但如果她心念一轉，鞋子就會縮回去，雙腳會停止移動或移開。

我遇過好幾次這樣的狀況：我懷疑某對情侶的感情不睦，因為他們極少交談。但事實上當我往桌子下看，就發現他們的雙腳在相互摩擦；他們的感情不言而喻。當情侶相處融洽，就會出現足部碰觸的行為。它被視為一種愉悅的體驗，所以受到邊緣腦准許。

所以下次當你想觀察某段關係的發展狀況如何，不用問，甚至不用探尋對方的笑臉，只要看腳就好。如果兩人的腳有互相接觸，而且樂意接觸的話，表示關係發展的不錯。

正如我朋友大衛・蓋文斯（David Givens）博士在《愛的訊號》（*Love Signal*）（我超推這本）中所點出的，能夠解讀、詮釋非言語行為的人，在人生中比較可能會成功，尤其是人際關係。我不但同意這個說法，還要向大家補充，肢體語言與非言語行為的相關知識，能夠克服障礙、強化溝通，並且在情侶間培養更深厚的感情。之所以寫這篇文章，是希望

# 第九章　約會須知

能向你分享與約會、人際關係相關的鮮為人知行為，讓你的努力不會白費。我希望這些資訊，會讓你對自己關心的人更敏感、更有同理心，最後讓你更成功快樂。

# 結語

# 肢體語言與地面上的路標

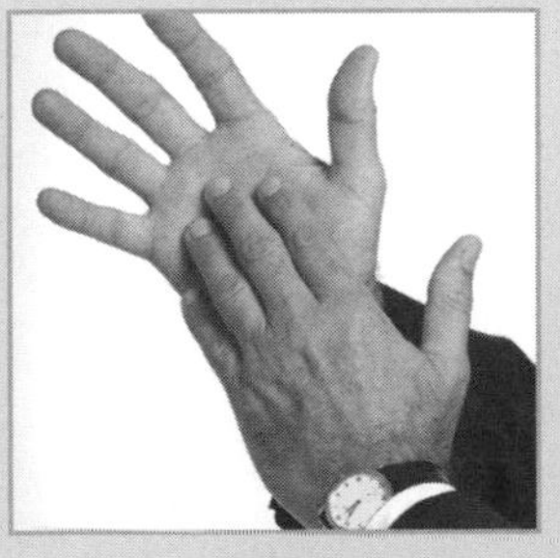

日前一位朋友告訴我一個故事，和這本書的主題有關，我想順便提一下，如果你曾經試圖在佛羅里達州的珊瑚閣市找地址的話，還可以幫你省下很多麻煩。

朋友開車載女兒去珊瑚閣拍照，車程距離他們位在坦帕的家有好幾個小時。由於她從未去過珊瑚閣，於是查看地圖決定最佳路線。一切都很順利，一直到她到了鎮上，開始尋找路標。

一個都找不到。

她在一個個沒有標示的十字路口轉來轉去二十分鐘，一個路標都沒看到。最後，走投無路，她停在一家加油站，問問看有沒有人知道哪條街是哪條。加油站業主對她的問題並不意外。「你不是第一個來問的，」他同情的點點頭：「你到十字路口時，要往下看，不是往上看。道路標示是六英吋、漆有路名的傾斜石塊，就放在人行道旁邊的地上。」

朋友記住老闆的指示，幾分鐘內就找到了目的地。「顯然，」她說：「我本來在找的是距離地面六英尺或更高的路標，而不是地面上的六英吋……，最令人不敢置信的是，」她又說：「我一知道要看哪裡、在哪裡看之後，路標就變得清清楚楚、明明白白了。找路沒有一點困難。」

這本書也是和指標有關。

說到人類的行為，基本上有兩種指標，語言與非言語。所有人都被教導尋找並分辨語言的指標。同樣道理，有些指標是放在長桿上的，即便我們在陌生城市的街道上行駛還是可以清楚看見。不過，還有些非言語指標，就是那些一直存在、但很多人卻沒學過怎麼發現的指標，就好像我們沒有被訓練去留心、分辨放在地面上的路標。有趣的是，一旦我們學會注意並解讀非言語信號時，我們的反應就會像我的朋友一樣：「我一知道要看哪裡、在哪裡看之後，路標就變得清清楚楚、明明白白了。找路沒有一點困難。」

我希望透過對非言語行為的了解，你能對周遭的世界有更深入、更有意義的觀點，能夠聽、看這兩種語言——說出口與靜默無聲的，加起來就能呈現出一幅賞心悅目、繁複豐富的人類體驗織錦畫。這是一個非常值得追求的目標，而且只要努力，我相信你可以做得到。現在，你擁有力量強大的本事，擁有能夠豐富人際關係的知識，從了解身體所說的話之中獲得樂趣，這是我寫這本書的目的。

# 作者的感謝

當我開始寫這本書的初稿時，我發現這個計畫在我心中早已醞釀多時。這並非始於我對研究非言語行為的興趣，也不是因為對學術理論的追求、更不是在FBI時期為了應付工作的需要；相反的，這件事情的開始，源自於我的家庭。

我學會理解他人，最大的功臣是我的父母親，亞伯特與瑪莉亞娜・洛佩茲（Albert and Mariana Lopez），以及我的祖母阿德蓮娜・帕尼亞瓜・艾斯皮諾（Adelina Paniagua Espino），他們各自以自己的方式教會我非言語溝通的重要性與力量。從母親身上，我知道非言語在與他人相處時的珍貴價值。她告訴我，只要一個細膩的動作，就可以避免尷尬的局面，或讓人感到自在，這是她一生都表現得遊刃有餘的技巧。從我父親身上，我感受到表情的力量，他只需用一個表情，就能清晰透徹的傳達出很多意義。而從我祖母的身上，我學會小動作也有大意義：微笑、偏頭、適當時機的溫柔撫觸，可以傳達如此多的意義，甚至有療癒功能。他們每天教我這些事，而且就這麼讓我得以更巧妙的觀察周遭的世界。他們的教導以及其他很多人的訓練，都能在這本書裡面找到。

當我在楊百翰大學時，衛斯里・雪伍德（J. Wesley Sherwood）、李察・湯森德（Richard Townsend），與狄恩・克里夫・韋恩二世（Dean Clive Winn II）教導我很多警察的工作與觀察罪犯的技巧。後來在FBI，包括道格・葛瑞哥里（Doug Gregory）、湯姆・瑞里（Tom Riley）、朱利安・科納（Julian Jay Koerner）、李察・奧特博士（Dr. Richard Ault），以及大衛・梅傑（David G. Major），教導我反情報與間諜活動的細微精巧之處。我非常感謝他們讓我對觀察人的技巧更敏銳。

同樣的，我也得感謝約翰・薛佛博士（Dr. John Schafer）——前FBI探員也是局裡行為分析計畫中的菁英同仁，他鼓勵我寫書，而且好幾次答應和我一起執筆。馬克・瑞瑟（Marc Reeser），長久以來和我一起親手抓間諜，也值得記上一筆。我的其他同事，還有FBI國家安全處（National Security Division）的許多人，我要感謝你們的支持。

這些年來，FBI讓我們接受到頂尖的訓練，因此從喬・庫利斯（Joe Kulis）、保羅・艾克曼（Paul Ekman）、莫琳・歐蘇莉文（Maureen O'Sullivan）、馬克・法蘭克（Mark Frank）、貝拉・狄波洛（Bella M. DePaulo）、阿爾德特・威瑞（Aldert Vrij）、瑞德・莫洛伊（Reid Meloy），與茱迪・柏貢（Judy Burgoon）等教授，我直接學習或透過他們的著作而了解到非言語溝通。我和其中許多人也建立起友誼，包括華盛頓斯普肯（Spokane, Washington）非言語研究中心主任大衛・紀文斯（David Givens），我非常重視他的著

## 作者的感謝

作、指導與忠告。他們的研究與著作充實我的人生，我在這本書中除了引用他們的作品，還有其他偉大人物的著作，例如德斯蒙德·莫里斯（Desmond Morris）、艾德華·霍爾（Edward Hall）、及達爾文（Charles Darwin），他的《人及動物之表情》（*The Expression of the Emotions in Man and Animals*）就是這一切的起點。

儘管這些人提供了理論架構，但還有其他人也各自以不同的方式為這項計畫做出貢獻，而我也必須一一表示感謝。我在坦帕大學（University of Tampa）的好朋友伊莉莎白·李·貝倫（Elizabeth Lee Barron），在研究方面提供莫大的幫助。我也很感激坦帕大學的菲爾·昆恩博士（Dr. Phil Quinn）以及聖里奧大學的貝瑞·葛洛佛教授（Professor Barry Glover），謝謝他們多年來的友誼，以及願意配合我忙碌的巡迴行程。

此外，這本書如果沒有照片，勢必索然無味，這點我要感謝知名攝影師馬克·文波（Mark Wemple）的努力以及為本書做出示範表情的行政助理艾希莉·卡索（Ashlee B. Castle）。我還想感謝坦帕的畫家大衛·安德烈德（David R. Andrade）所繪製的插圖。

哈潑柯林斯出版社（HarperCollins）始終充滿耐心的編輯馬修·班傑明（Matthew Benjamin）把這個計畫匯整起來，在我看來，他是位紳士，也是十分完美的專業人士。我還要讚揚的是行政編輯東妮·斯艾拉（Toni Sciarra），勤奮不懈的完成這項計畫。和馬修及東妮共同合作的是哈潑出版社一組非常優秀的團隊，包括文字編輯寶拉·庫柏（Paula

Cooper），也是我非常感謝的人。還有一如以往，我希望感謝馬文．卡林斯博士（Dr. Marvin Karlins）再一次把我的想法落實為這一本書，以及他慨然應允為本書撰寫前言。

我要感謝的還有親愛的朋友伊莉莎白．莫瑞博士（Dr. Elizabeth A. Murray），一位真正的科學家與教育家，從忙碌的教學行程中抽空校訂手稿的初稿，並分享她對人體的淵博知識。

至於我的家人——不分親疏的家族成員——我要謝謝你們在我應該與你們一起輕鬆休息的時候，容忍我和我的寫作工作。路卡，非常謝謝你。我的女兒史蒂芬妮，我每天都要感謝你真摯可愛的心靈。

所有曾以不同方式為這本書貢獻的人；他們的知識與洞見，無論大小，都在這裡與你分享。我帶著嚴肅的想法寫這本書，希望很多人都可以將這些資訊應用在日常生活中。為此，我很努力的希望清楚說明科學與實務經驗。如果書中有任何錯誤，全都是我的責任。

有句拉丁諺語說：「教學相長。」從很多方面來說，寫作也是如此；這是一個學習與思辨的過程，而且最後會變成一種樂趣。我希望當你讀完這本書時，你也會對我們如何以非言語溝通，有深刻的認識，而且你的人生會因此而充實，就像我一樣，因為你知道身體在說什麼。

喬．納瓦羅
美國佛羅里達州，坦帕

國家圖書館出版品預行編目（CIP）資料

FBI教你讀心術：看穿肢體動作的真實訊息 / 喬・納瓦羅、馬文・卡林斯著；林奕伶、廖桓偉譯. -- 二版. -- 臺北市：大是文化, 2017.1
320面；17 × 23公分. -- (Biz；215)
譯自：What Every Body is Saying：An Ex-FBI Agent's Guide to Speed-Reading People
ISBN 978-986-5612-81-8(平裝)
1. 行為心理學　2. 肢體語言　3. 讀心術

176.8　　105016788

Biz 215

# FBI教你讀心術

## 看穿肢體動作的真實訊息

作　　者／喬・納瓦羅（Joe Navarro）、馬文・卡林斯博士（Marvin Karlins, Ph.D.）
譯　　者／林奕伶、廖桓偉
責任編輯／馬祥芬
校對編輯／陳竑悳
美術編輯／林彥君
副總編輯／顏惠君
總　編　輯／吳依瑋
發　行　人／徐仲秋
會　　計／許鳳雪
版權經理／郝麗珍
行銷企劃／徐千晴
業務助理／李秀蕙
業務專員／馬絜盈、留婉茹
業務經理／林裕安
總　經　理／陳絜吾

出　版　者／大是文化有限公司
台北市100衡陽路7號8樓
編輯部電話：（02）23757911
購書相關資訊請洽：（02）23757911 分機122
24小時讀者服務傳真：（02）23756999
讀者服務E-mail:haom@ms28.hinet.net
郵政劃撥帳號／19983366　　戶名：大是文化有限公司

法律顧問／永然聯合法律事務所
香港發行／豐達出版發行有限公司 "Rich Publishing & Distribution Ltd"
地址：香港柴灣永泰道70號柴灣工業城第2期1805室
Unit 1805, Ph.2 Chai Wan Ind City, 70 Wing Tai Rd, Chai Wan, Hong Kong.
電話：（852）21726513
傳真：（852）21724355
Email：cary@subseasy.com.hk

封面設計／林雯瑛
內頁排版／洸譜創意設計股份有限公司
印　　刷／鴻霖印刷傳媒股份有限公司

■ 2016年 12 月 29 日二版　　Printed in Taiwan

ISBN 978-986-5612-81-8　　定價340元（缺頁或裝訂錯誤的書，請寄回更換）

WHAT EVERY BODY IS SAYING: An Ex-FBI Agent's Guide to Speed-Reading People
by Joe Navarro with Marvin Karlins, Ph.D.

Published by arrangement with Collins, an imprint of HarperCollins Publishers, USA
through Bardon-Chinese Media Agency
博達著作權代理有限公司